Livre de données sur le tir sportif

Ce livre fait partie de :

Ce livre de tir sportif de qualité supérieure, pratique et facile à utiliser, avec une couverture moderne et de qualité supérieure pour les tireurs, les tireurs, les tireurs, les tireurs, est conçu de manière professionnelle pour vous aider à tenir des registres détaillés des dates, heures, lieu, arme à feu, type de viseur, munitions, profondeur d'assise, distance, poudre, amorce, laiton, pages de tableau.

Livre de données sur le tir sportif

Date: ________________   Temps: ________

Localisation: ________________________________

Conditions météorologiques

☐   ☐   ☐   ☐   ☐   ☐   ________   ________

Armes à feu:	
Balle:	Profondeur d'assise:
Poudre:	Céréales:
L'abécédaire:	
Laiton:	
Distance:	

Résultats globaux

☐ Mauvais   ☐ Juste   ☐ Bon   ☐ Excellent

Notes complémentaires

____

____

____

☆ ☆ ☆ ☆ ☆

Une idée de cadeau parfaite pour les débutants et les professionnels

Livre de données sur le tir sportif

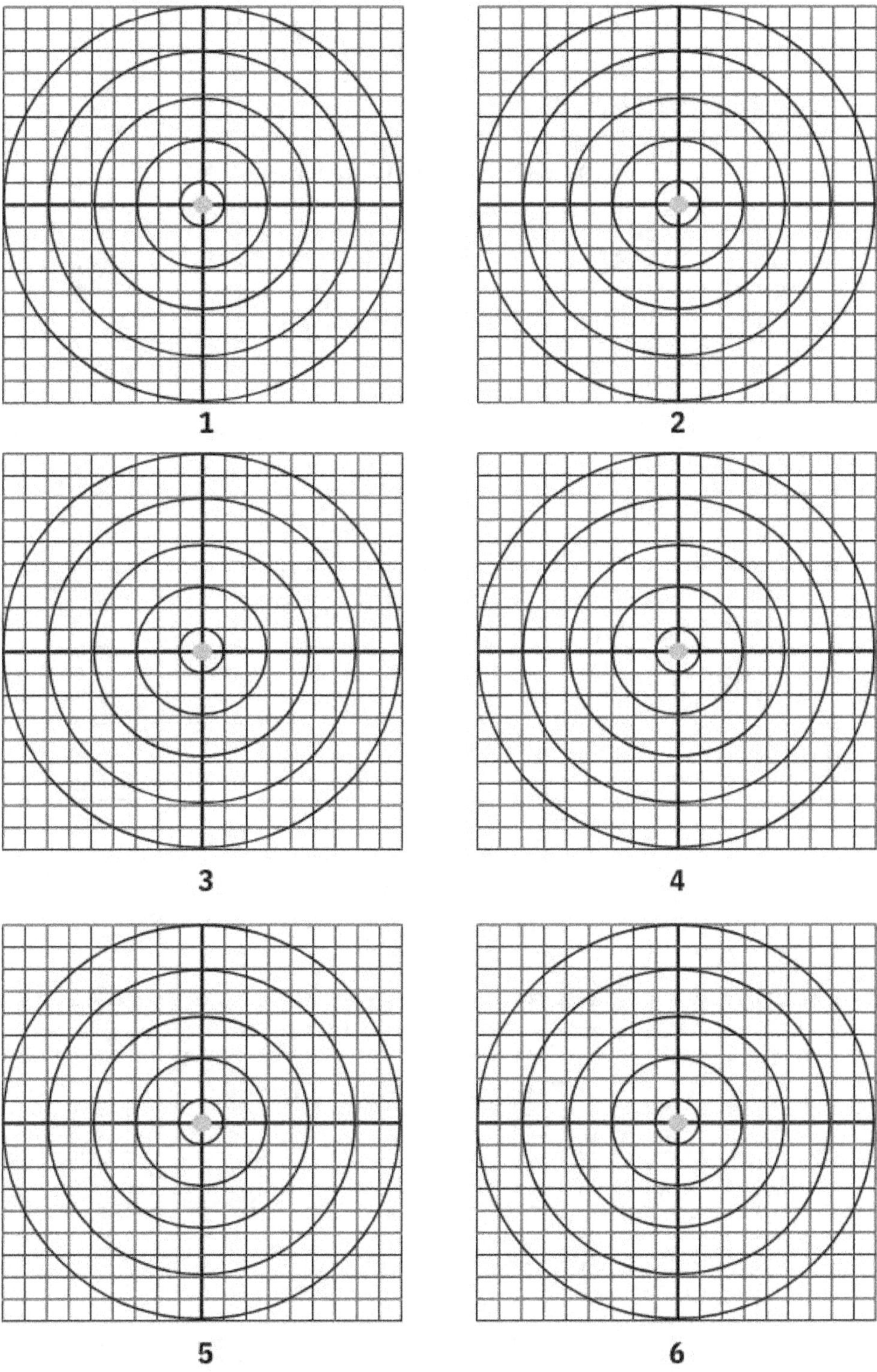

Une idée de cadeau parfaite pour les débutants et les professionnels

Livre de données sur le tir sportif

📅 Date: _________________________ 🕐 Temps: _________

📍 Localisation: _____________________________________

Conditions météorologiques

Armes à feu:	
Balle:	Profondeur d'assise:
Poudre:	Céréales:
L'abécédaire:	
Laiton:	
Distance:	

Résultats globaux

☐ Mauvais ☐ Juste ☐ Bon ☐ Excellent

Notes complémentaires

____

____

____

☆ ☆ ☆ ☆ ☆

Une idée de cadeau parfaite pour les débutants et les professionnels

Livre de données sur le tir sportif

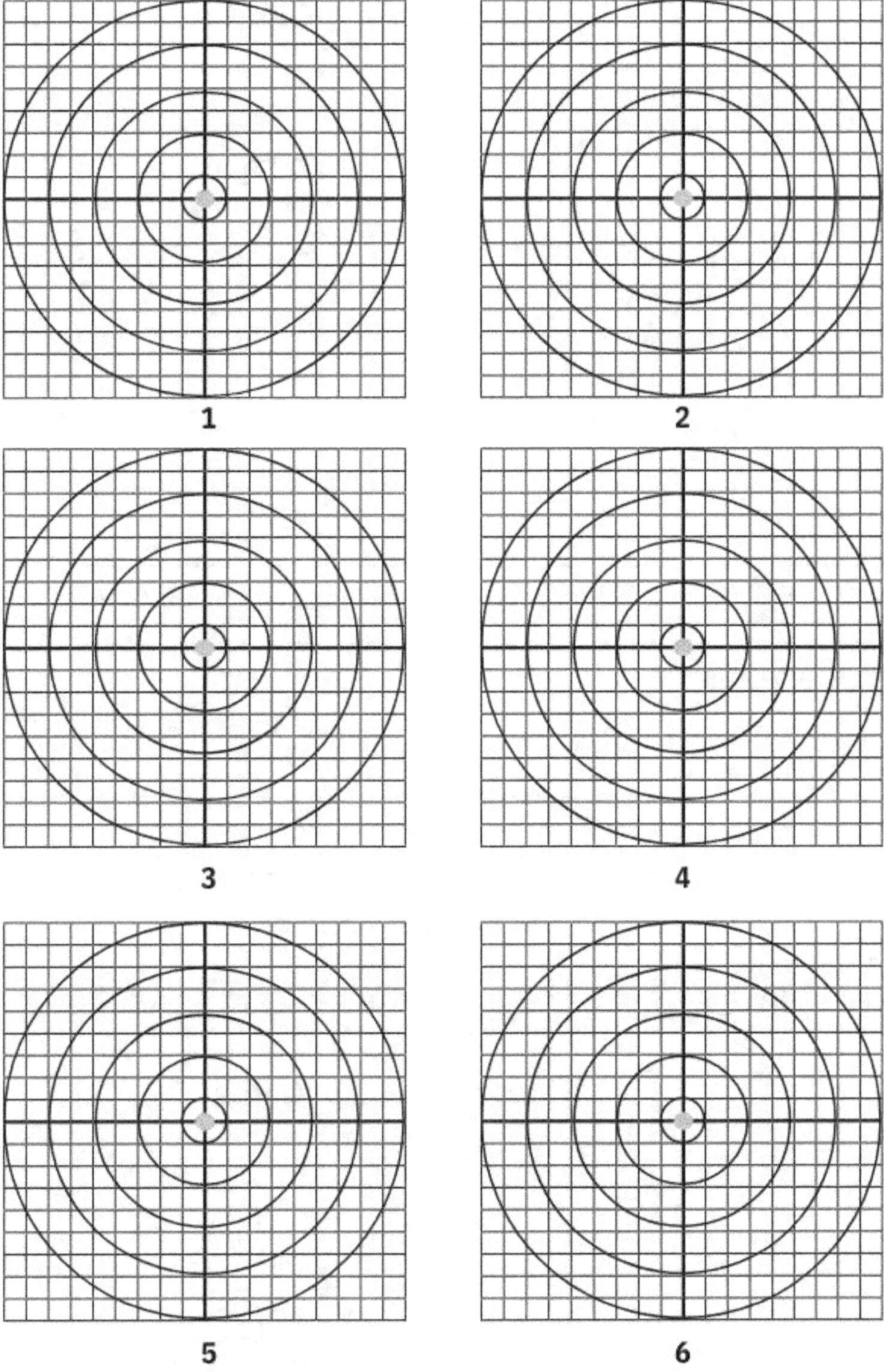

Une idée de cadeau parfaite pour les débutants et les professionnels

Livre de données sur le tir sportif

Date: _________________ Temps: _________

Localisation: _________________________________

Conditions météorologiques

☐　　☐　　☐　　☐　　☐　　☐

Armes à feu:	
Balle:	Profondeur d'assise:
Poudre:	Céréales:
L'abécédaire:	
Laiton:	
Distance:	

Résultats globaux

☐ Mauvais　☐ Juste　☐ Bon　☐ Excellent

Notes complémentaires

____

____

☆ ☆ ☆ ☆ ☆

Une idée de cadeau parfaite pour les débutants et les professionnels

Livre de données sur le tir sportif

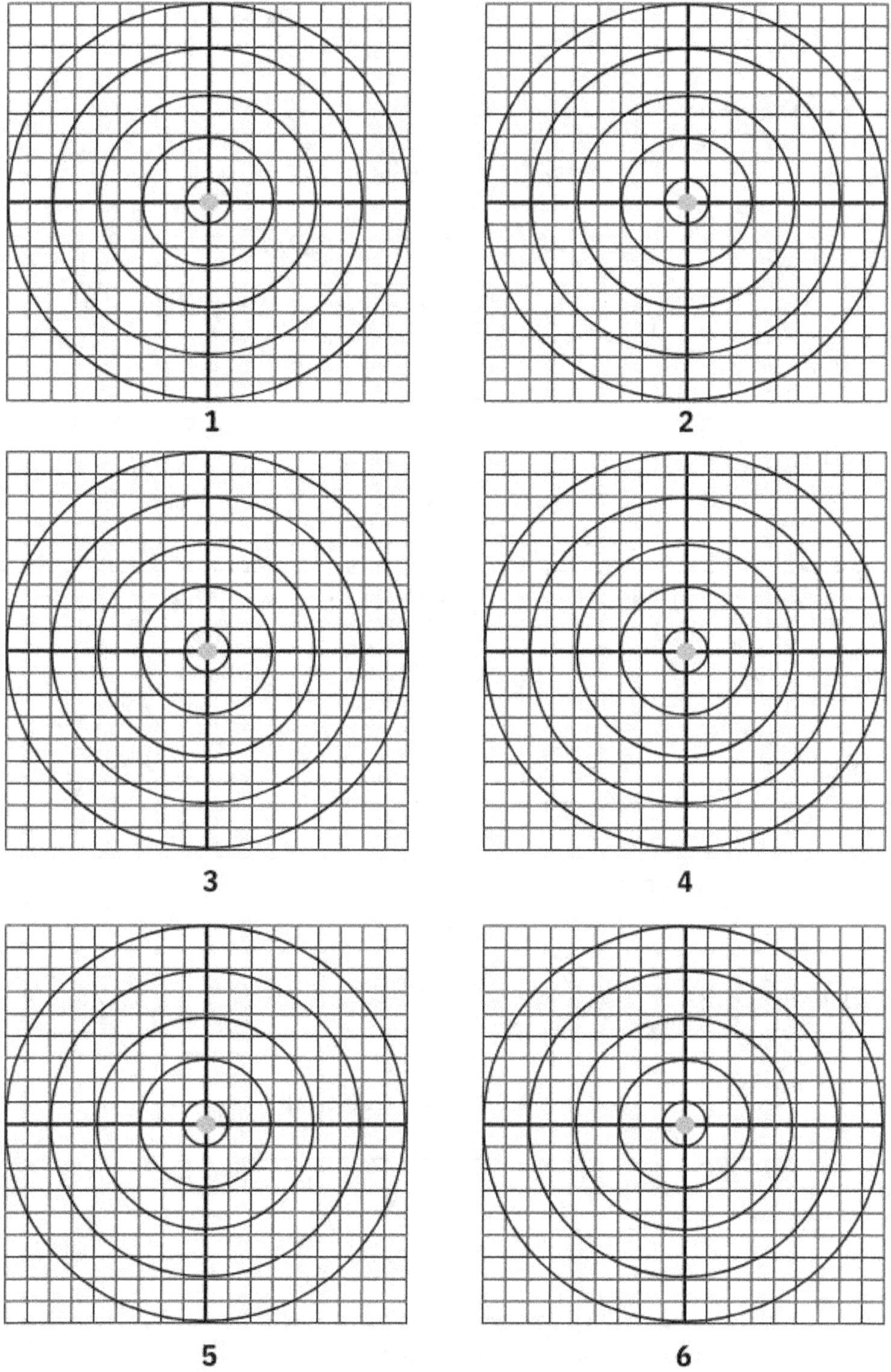

Une idée de cadeau parfaite pour les débutants et les professionnels

Livre de données sur le tir sportif

Date: _________________________ Temps: __________

Localisation: _________________________________

Conditions météorologiques

☐   ☐   ☐   ☐   ☐   ☐   _______   _______

Armes à feu:	
Balle:	Profondeur d'assise:
Poudre:	Céréales:
L'abécédaire:	
Laiton:	
Distance:	

Résultats globaux

☐ Mauvais   ☐ Juste   ☐ Bon   ☐ Excellent

Notes complémentaires

____

____

____

☆ ☆ ☆ ☆ ☆

Une idée de cadeau parfaite pour les débutants et les professionnels

Livre de données sur le tir sportif

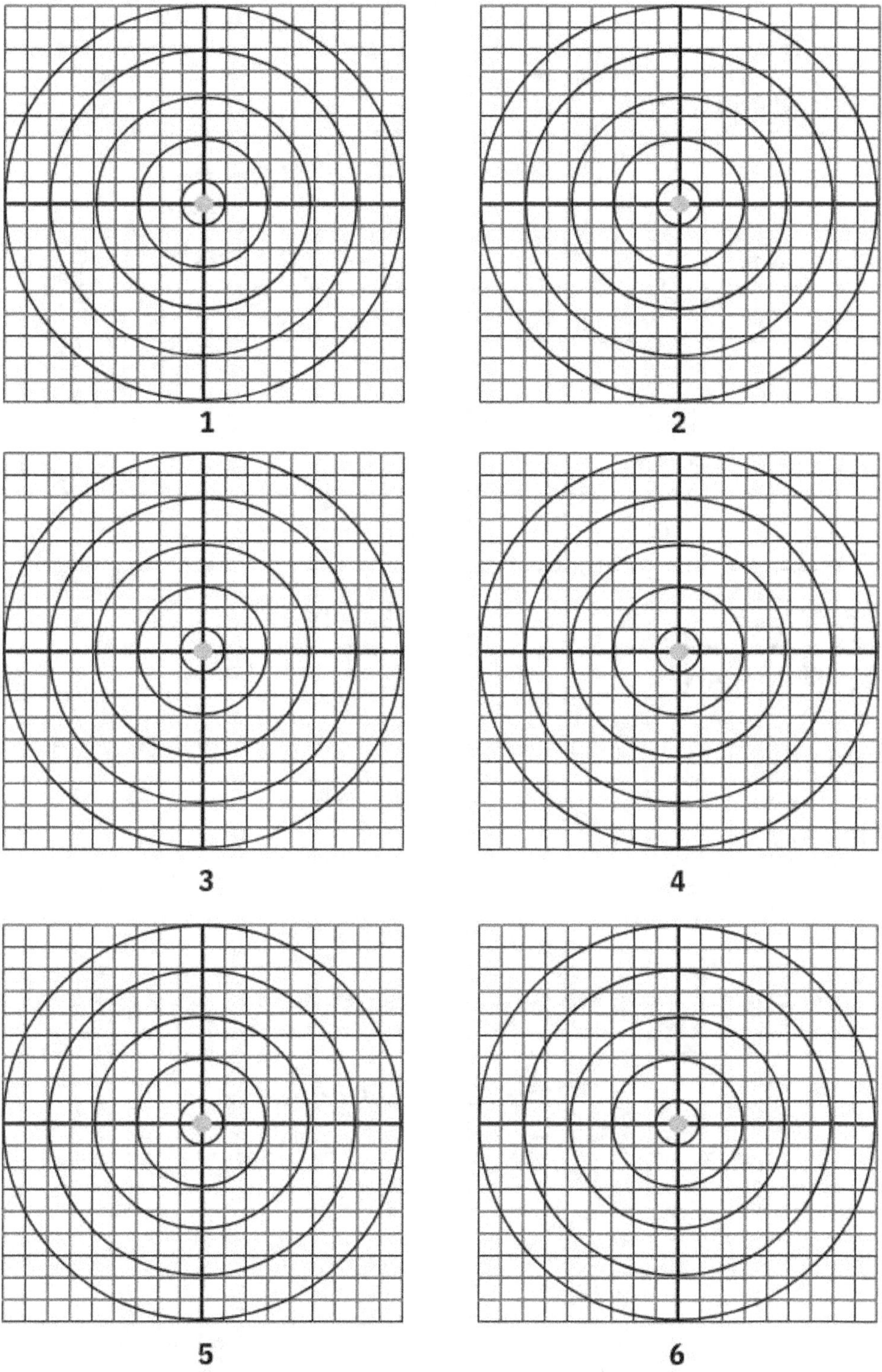

Une idée de cadeau parfaite pour les débutants et les professionnels

Livre de données sur le tir sportif

📅 Date: _________________________   🕐 Temps: _________

📍 Localisation: _________________________________

Conditions météorologiques

☀ ☐   ⛅ ☐   🌤 ☐   🌧 ☐   🌦 ☐   🌨 ☐   🚩 _______   🌡 _______

Armes à feu:	
Balle:	Profondeur d'assise:
Poudre:	Céréales:
L'abécédaire:	
Laiton:	
Distance:	

Résultats globaux

☐ Mauvais   ☐ Juste   ☐ Bon   ☐ Excellent

Notes complémentaires

____

____

____

☆ ☆ ☆ ☆ ☆

Une idée de cadeau parfaite pour les débutants et les professionnels

Livre de données sur le tir sportif

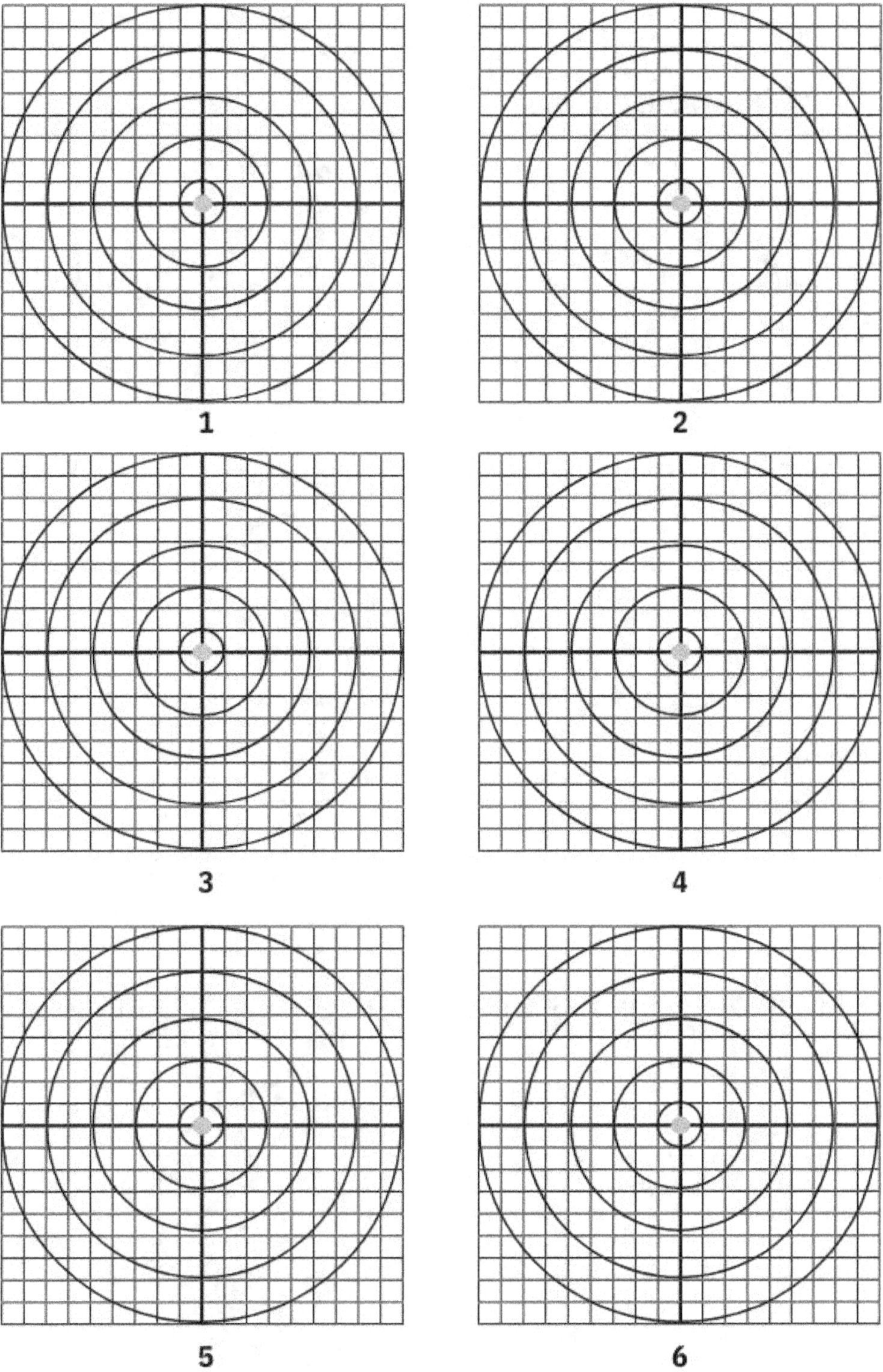

Une idée de cadeau parfaite pour les débutants et les professionnels

Livre de données sur le tir sportif

📅 Date: ___________________   🕐 Temps: __________

📍 Localisation: _________________________________

Conditions météorologiques

☐　　☐　　☐　　☐　　☐　　☐　　___　　___

Armes à feu:	
Balle:	Profondeur d'assise:
Poudre:	Céréales:
L'abécédaire:	
Laiton:	
Distance:	

Résultats globaux

☐ Mauvais　☐ Juste　☐ Bon　☐ Excellent

Notes complémentaires

____

____

☆ ☆ ☆ ☆ ☆

Une idée de cadeau parfaite pour les débutants et les professionnels

Livre de données sur le tir sportif

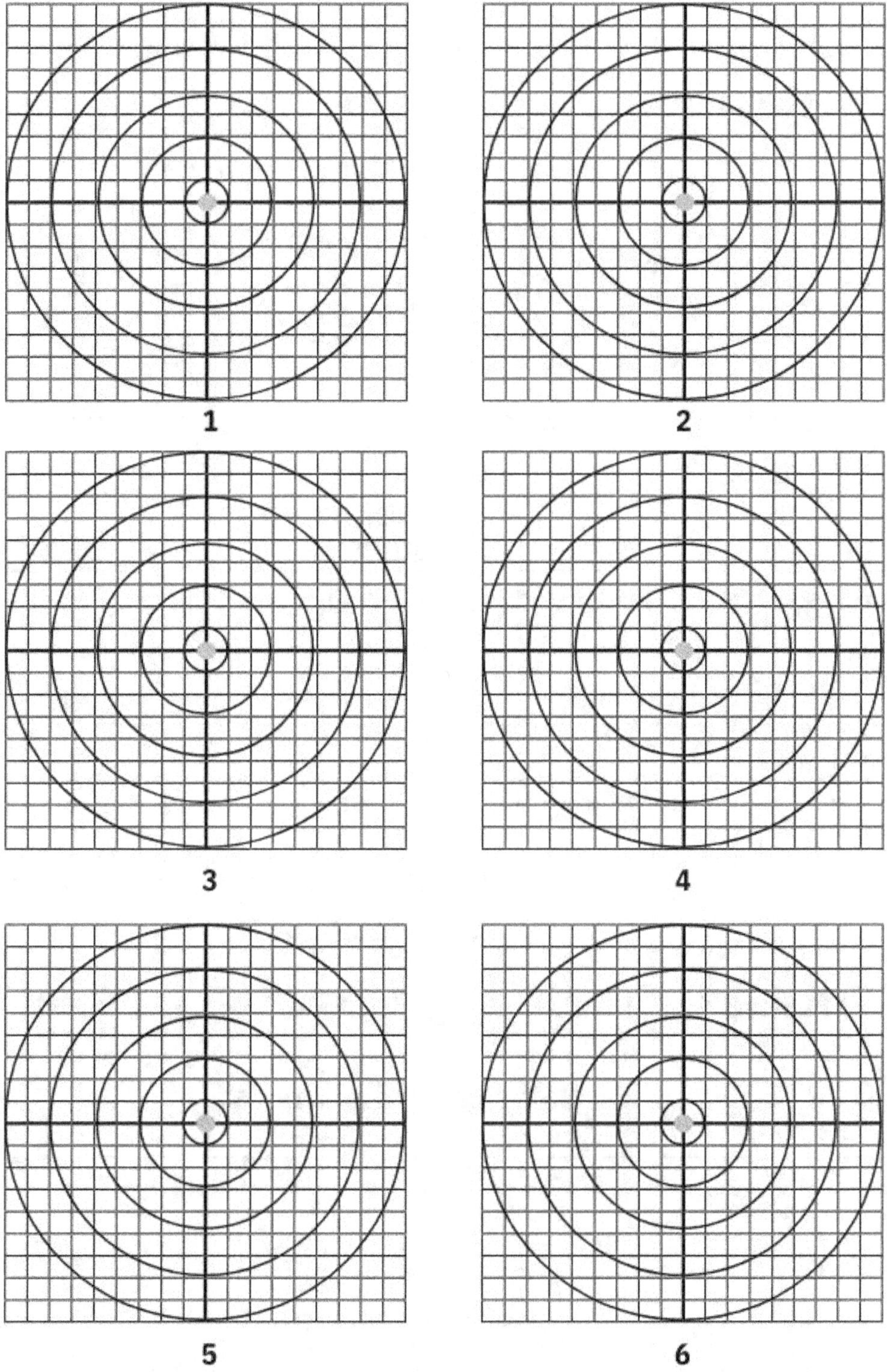

Une idée de cadeau parfaite pour les débutants et les professionnels

Livre de données sur le tir sportif

📅 Date: _____________________ 🕐 Temps: _________

📍 Localisation: _________________________________

Conditions météorologiques

☐   ☐   ☐   ☐   ☐   ☐   _____   _____

Armes à feu:	
Balle:	Profondeur d'assise:
Poudre:	Céréales:
L'abécédaire:	
Laiton:	
Distance:	

Résultats globaux

☐ Mauvais   ☐ Juste   ☐ Bon   ☐ Excellent

Notes complémentaires

____

____

____

☆ ☆ ☆ ☆ ☆

Une idée de cadeau parfaite pour les débutants et les professionnels

Livre de données sur le tir sportif

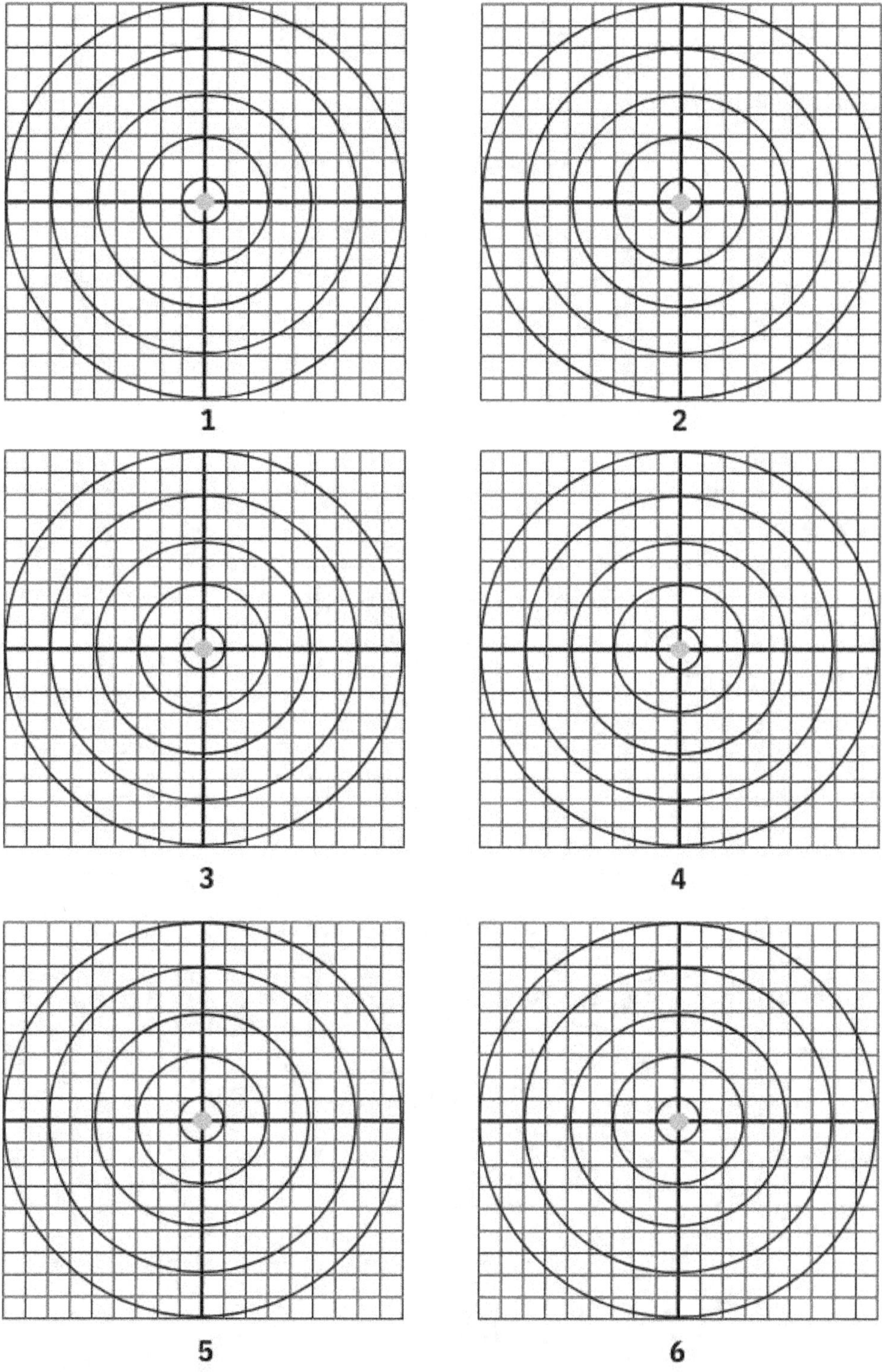

Une idée de cadeau parfaite pour les débutants et les professionnels

Livre de données sur le tir sportif

Date: _____________________ Temps: _________

Localisation: _______________________________

Conditions météorologiques

☐ ☐ ☐ ☐ ☐ ☐ _______ _______

Armes à feu:	
Balle:	Profondeur d'assise:
Poudre:	Céréales:
L'abécédaire:	
Laiton:	
Distance:	

Résultats globaux

☐ Mauvais ☐ Juste ☐ Bon ☐ Excellent

Notes complémentaires

____

____

____

☆ ☆ ☆ ☆ ☆

Une idée de cadeau parfaite pour les débutants et les professionnels

Livre de données sur le tir sportif

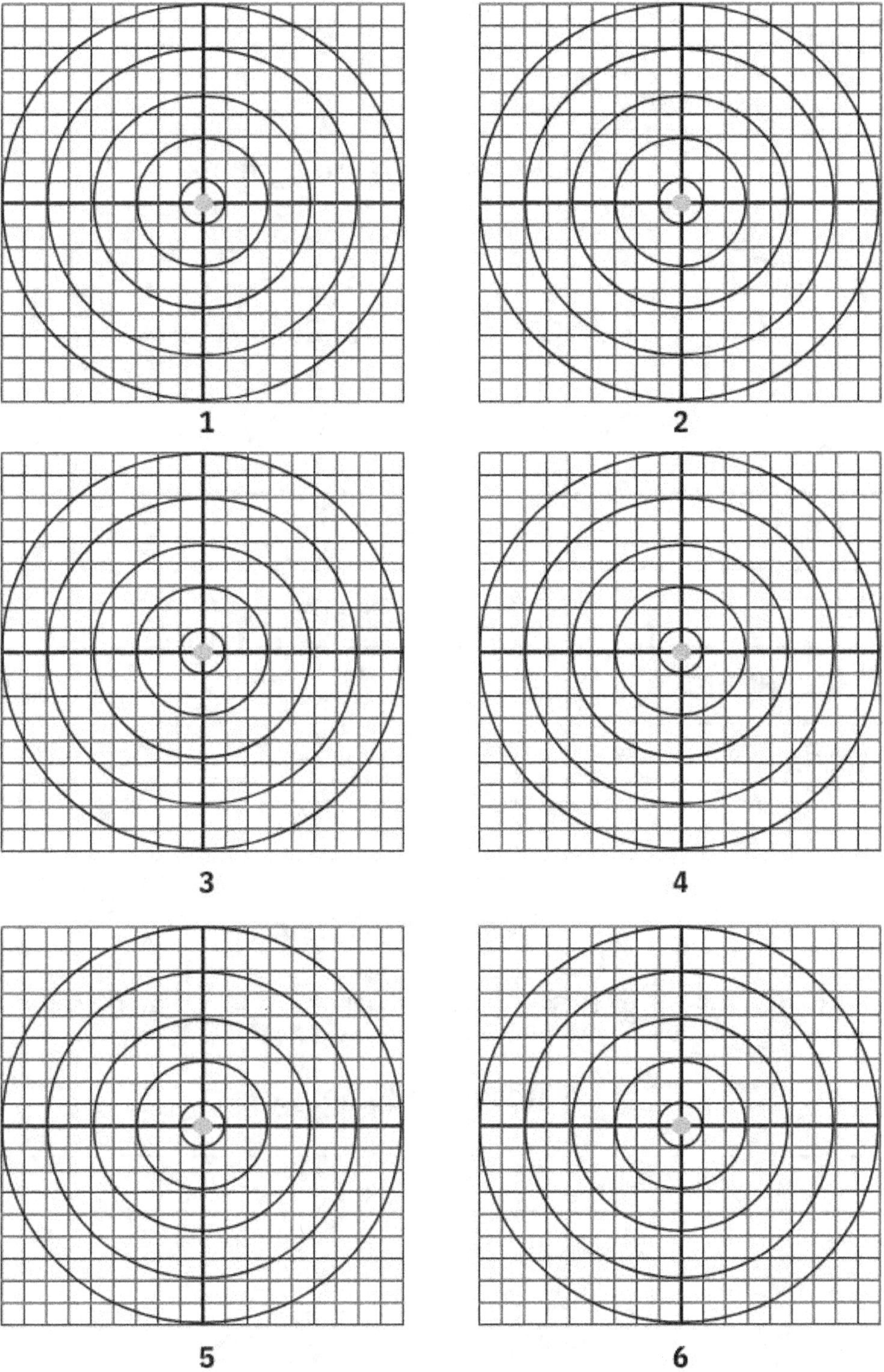

Une idée de cadeau parfaite pour les débutants et les professionnels

Livre de données sur le tir sportif

Date: _________________________   Temps: _________

Localisation: _______________________________

Conditions météorologiques

☐   ☐   ☐   ☐   ☐   ☐   _______   _______

Armes à feu:	
Balle:	Profondeur d'assise:
Poudre:	Céréales:
L'abécédaire:	
Laiton:	
Distance:	

Résultats globaux

☐ Mauvais   ☐ Juste   ☐ Bon   ☐ Excellent

Notes complémentaires

____

____

____

☆ ☆ ☆ ☆ ☆

Une idée de cadeau parfaite pour les débutants et les professionnels

Livre de données sur le tir sportif

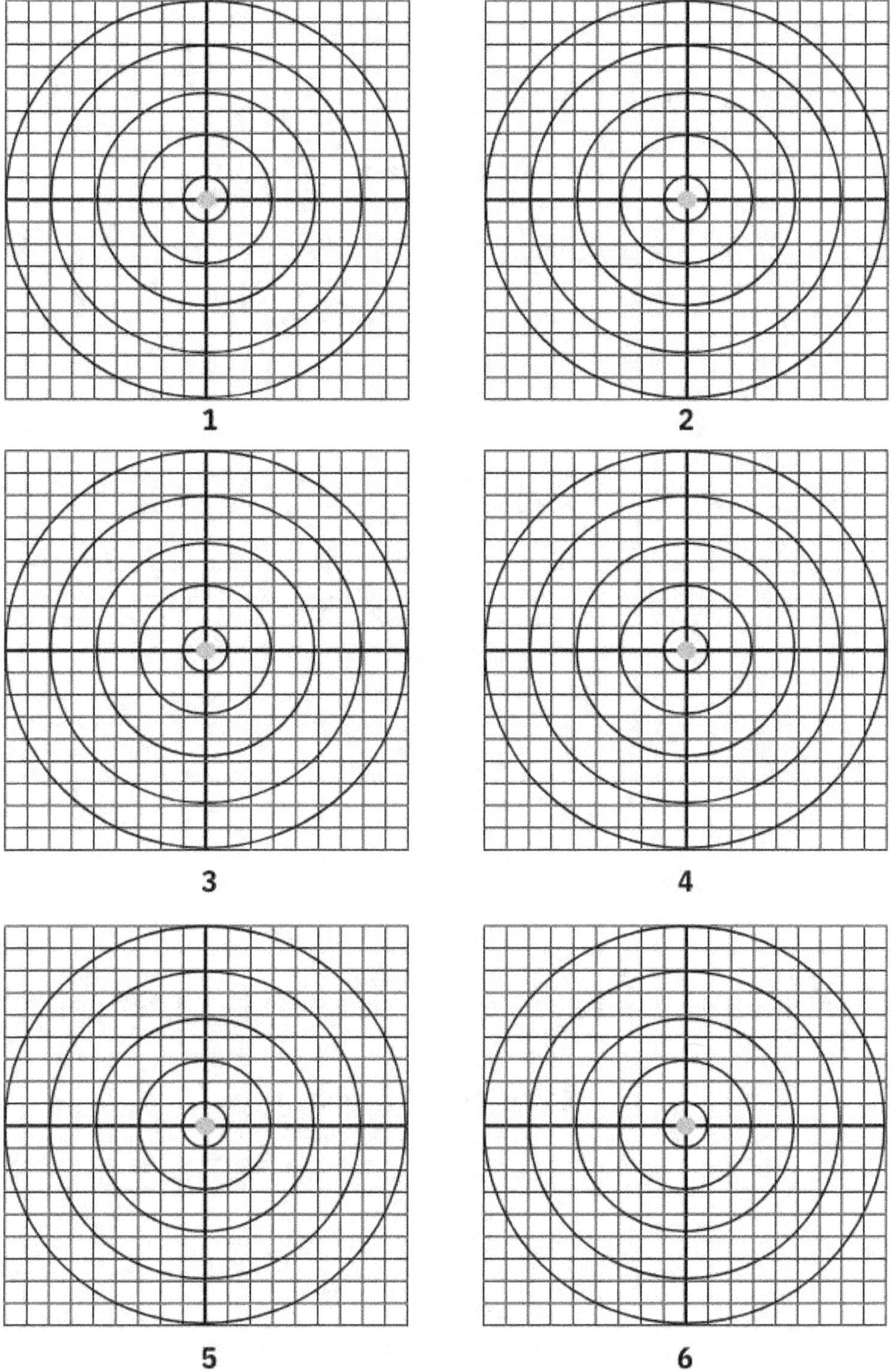

Une idée de cadeau parfaite pour les débutants et les professionnels

Livre de données sur le tir sportif

📅 Date: _________________________   🕐 Temps: _________

📍 Localisation: _______________________________________

Conditions météorologiques

☼ ☁ ☁ 🌧 🌧 🌨 ⚑ 🌡

□   □   □   □   □   □   _______   _______

Armes à feu:	
Balle:	Profondeur d'assise:
Poudre:	Céréales:
L'abécédaire:	
Laiton:	
Distance:	

Résultats globaux

□ Mauvais   □ Juste   □ Bon   □ Excellent

Notes complémentaires

____

____

____

☆ ☆ ☆ ☆ ☆

Une idée de cadeau parfaite pour les débutants et les professionnels

Livre de données sur le tir sportif

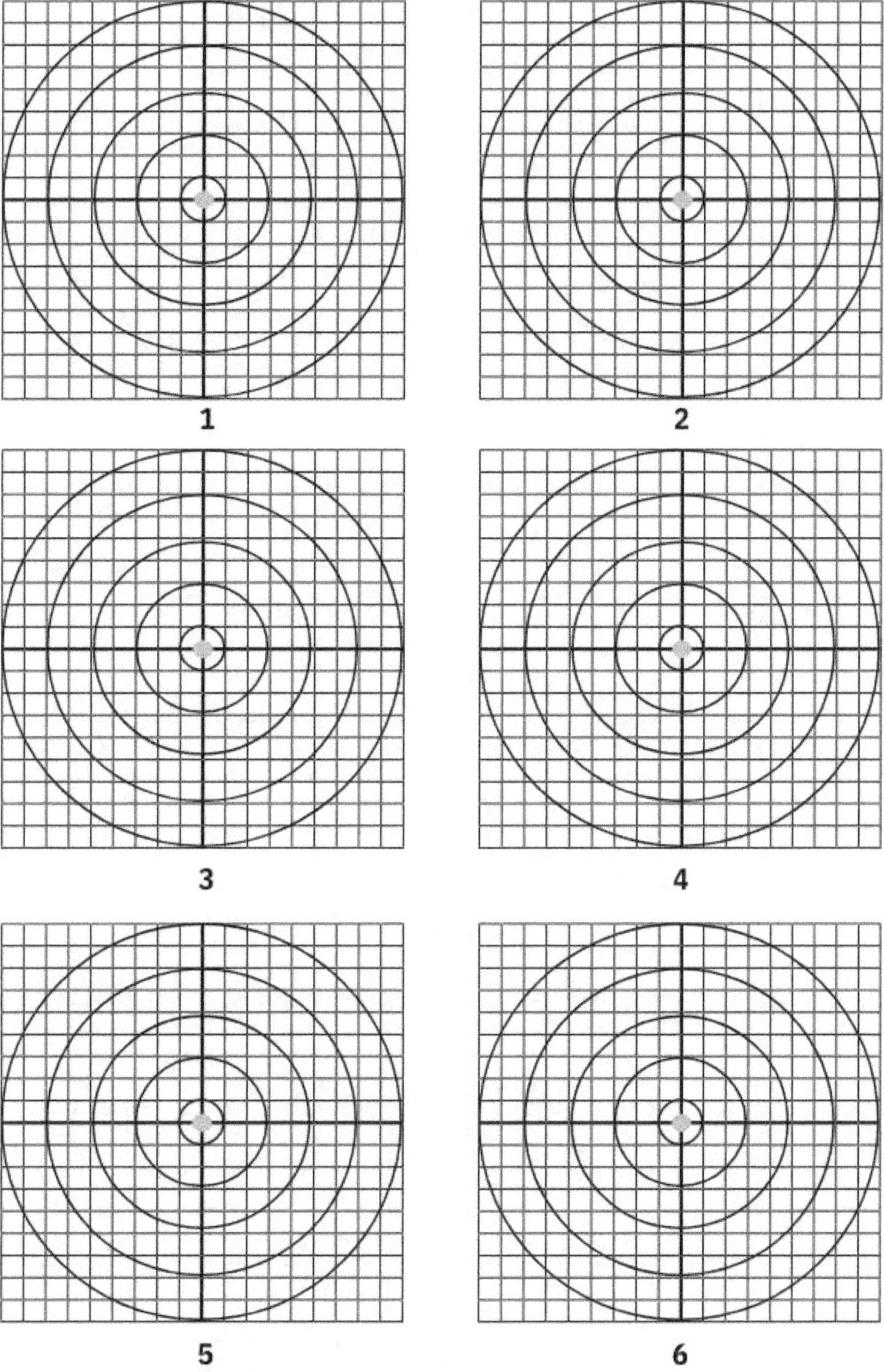

Une idée de cadeau parfaite pour les débutants et les professionnels

Livre de données sur le tir sportif

📅 Date: _________________ 🕐 Temps: _________

📍 Localisation: _______________________________

Conditions météorologiques

☐ ☐ ☐ ☐ ☐ ☐ _____ _____

Armes à feu:	
Balle:	Profondeur d'assise:
Poudre:	Céréales:
L'abécédaire:	
Laiton:	
Distance:	

Résultats globaux

☐ Mauvais ☐ Juste ☐ Bon ☐ Excellent

Notes complémentaires

____

____

____

☆ ☆ ☆ ☆ ☆

Une idée de cadeau parfaite pour les débutants et les professionnels

Livre de données sur le tir sportif

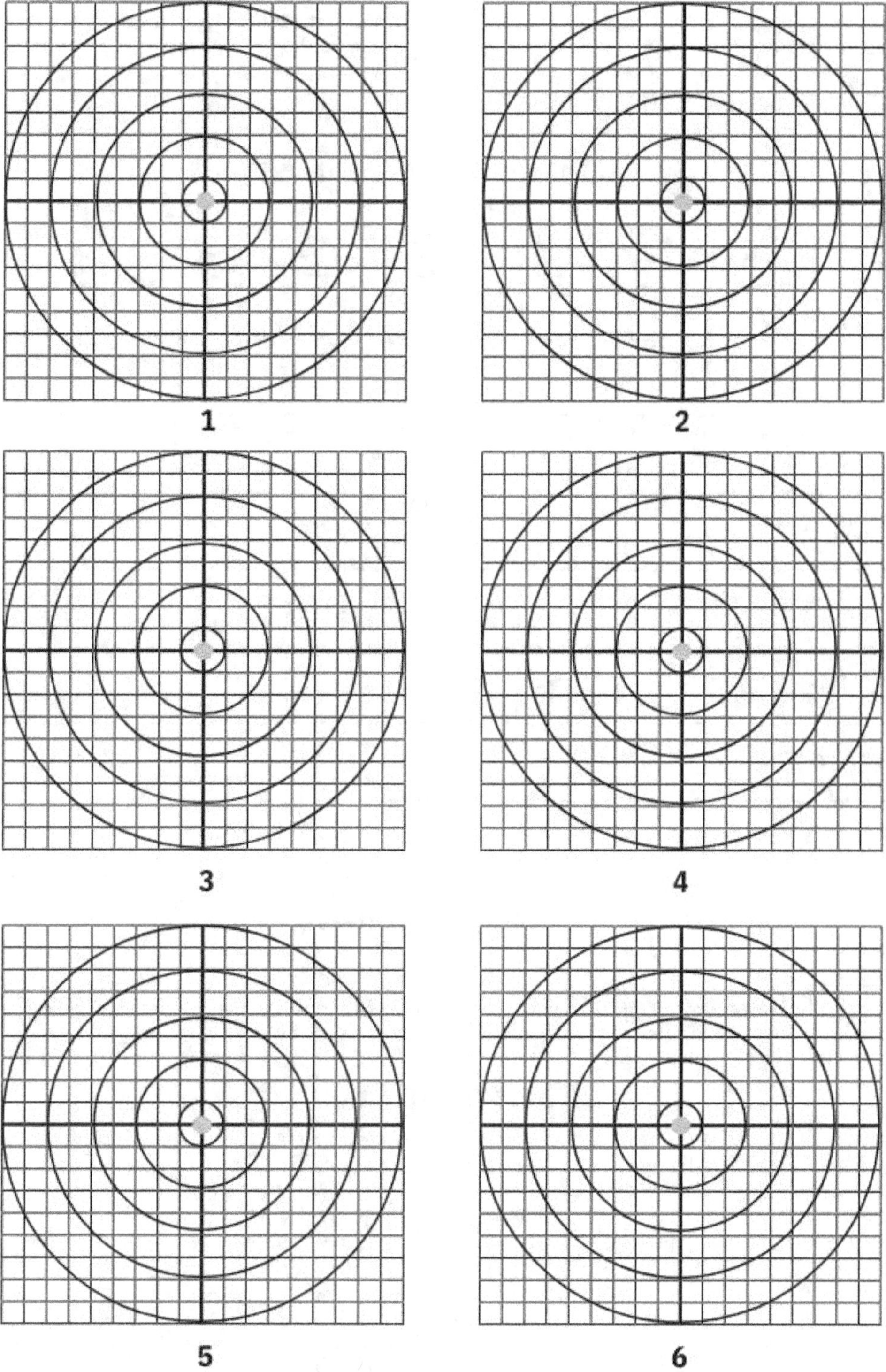

Une idée de cadeau parfaite pour les débutants et les professionnels

Livre de données sur le tir sportif

📅 Date: _______________________ 🕐 Temps: __________

📍 Localisation: _________________________________

Conditions météorologiques

☐ ☐ ☐ ☐ ☐ ☐ _______ _______

Armes à feu:	
Balle:	Profondeur d'assise:
Poudre:	Céréales:
L'abécédaire:	
Laiton:	
Distance:	

Résultats globaux

☐ Mauvais ☐ Juste ☐ Bon ☐ Excellent

Notes complémentaires

____

____

☆ ☆ ☆ ☆ ☆

Une idée de cadeau parfaite pour les débutants et les professionnels

Livre de données sur le tir sportif

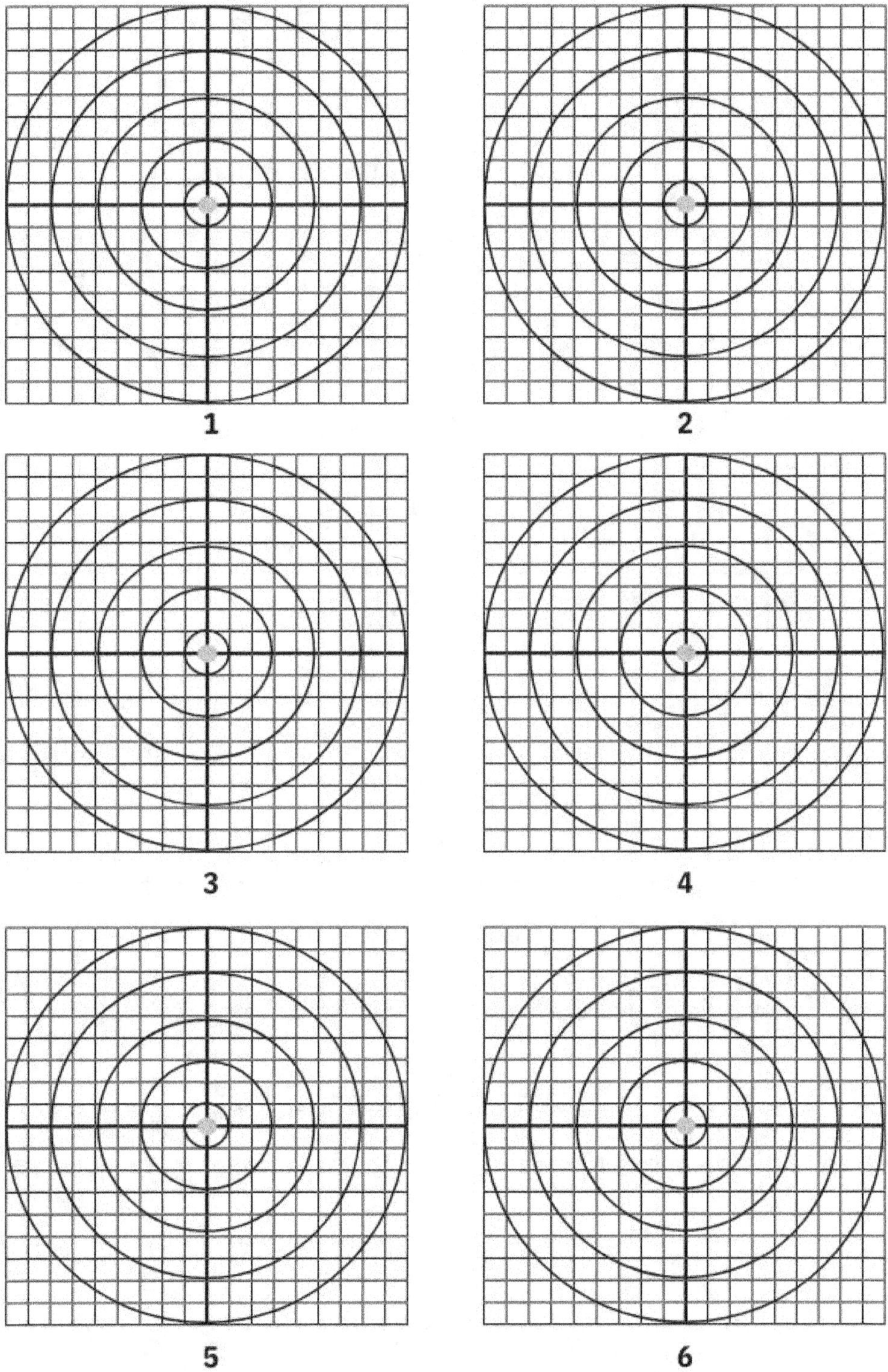

Une idée de cadeau parfaite pour les débutants et les professionnels

Livre de données sur le tir sportif

📅 Date: _________________________ 🕐 Temps: _________

📍 Localisation: _______________________________________

Conditions météorologiques

☐ ☐ ☐ ☐ ☐ ☐ _________ _________

Armes à feu:	
Balle:	Profondeur d'assise:
Poudre:	Céréales:
L'abécédaire:	
Laiton:	
Distance:	

Résultats globaux

☐ Mauvais   ☐ Juste   ☐ Bon   ☐ Excellent

Notes complémentaires

____

____

☆ ☆ ☆ ☆ ☆

Une idée de cadeau parfaite pour les débutants et les professionnels

Livre de données sur le tir sportif

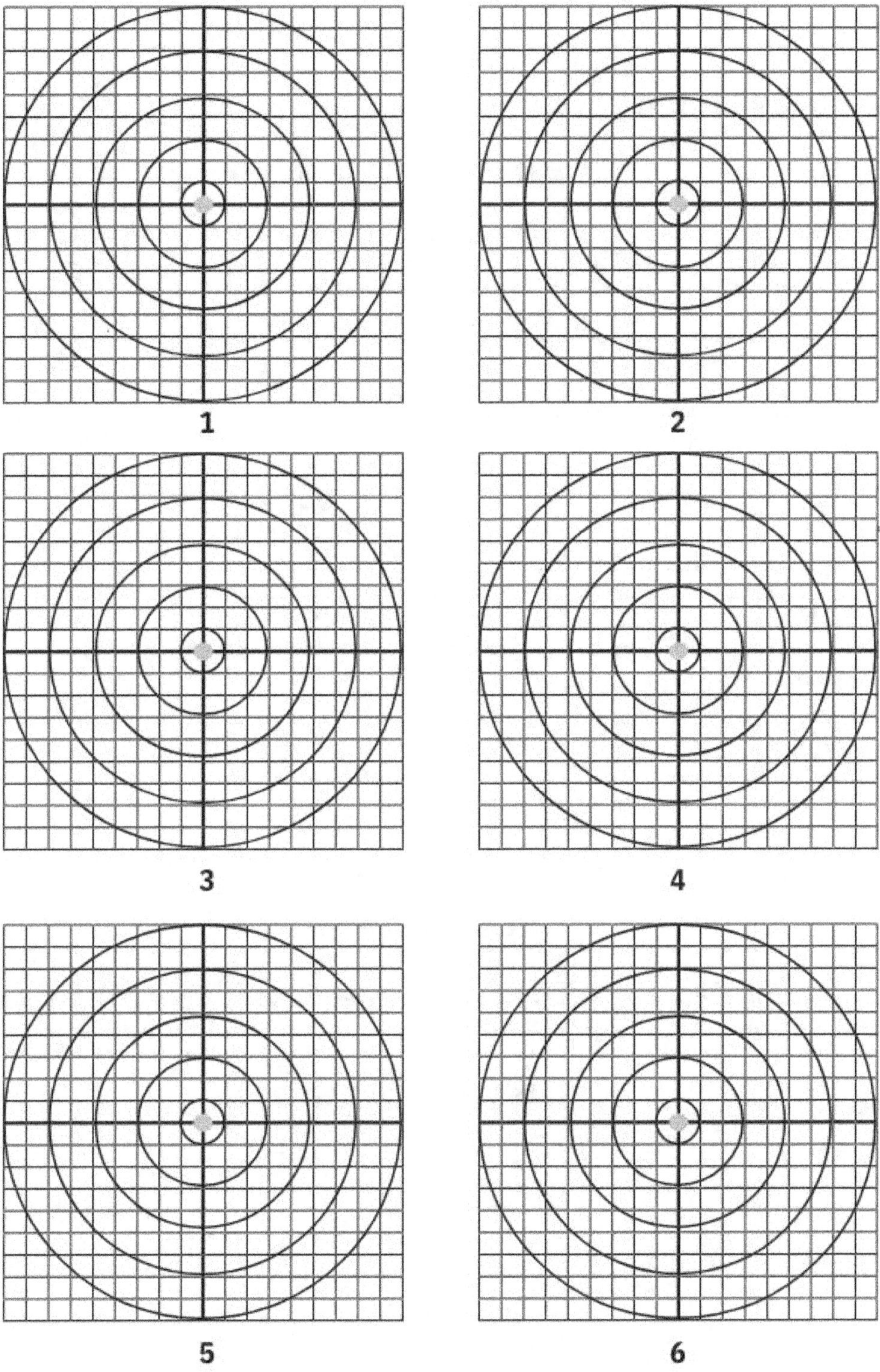

Une idée de cadeau parfaite pour les débutants et les professionnels

Livre de données sur le tir sportif

Date: _______________   Temps: _________

Localisation: _____________________________

Conditions météorologiques

☐ ☐ ☐ ☐ ☐ ☐ ____ ____

Armes à feu:	
Balle:	Profondeur d'assise:
Poudre:	Céréales:
L'abécédaire:	
Laiton:	
Distance:	

Résultats globaux

☐ Mauvais   ☐ Juste   ☐ Bon   ☐ Excellent

Notes complémentaires

____

____

____

☆ ☆ ☆ ☆ ☆

Une idée de cadeau parfaite pour les débutants et les professionnels

Livre de données sur le tir sportif

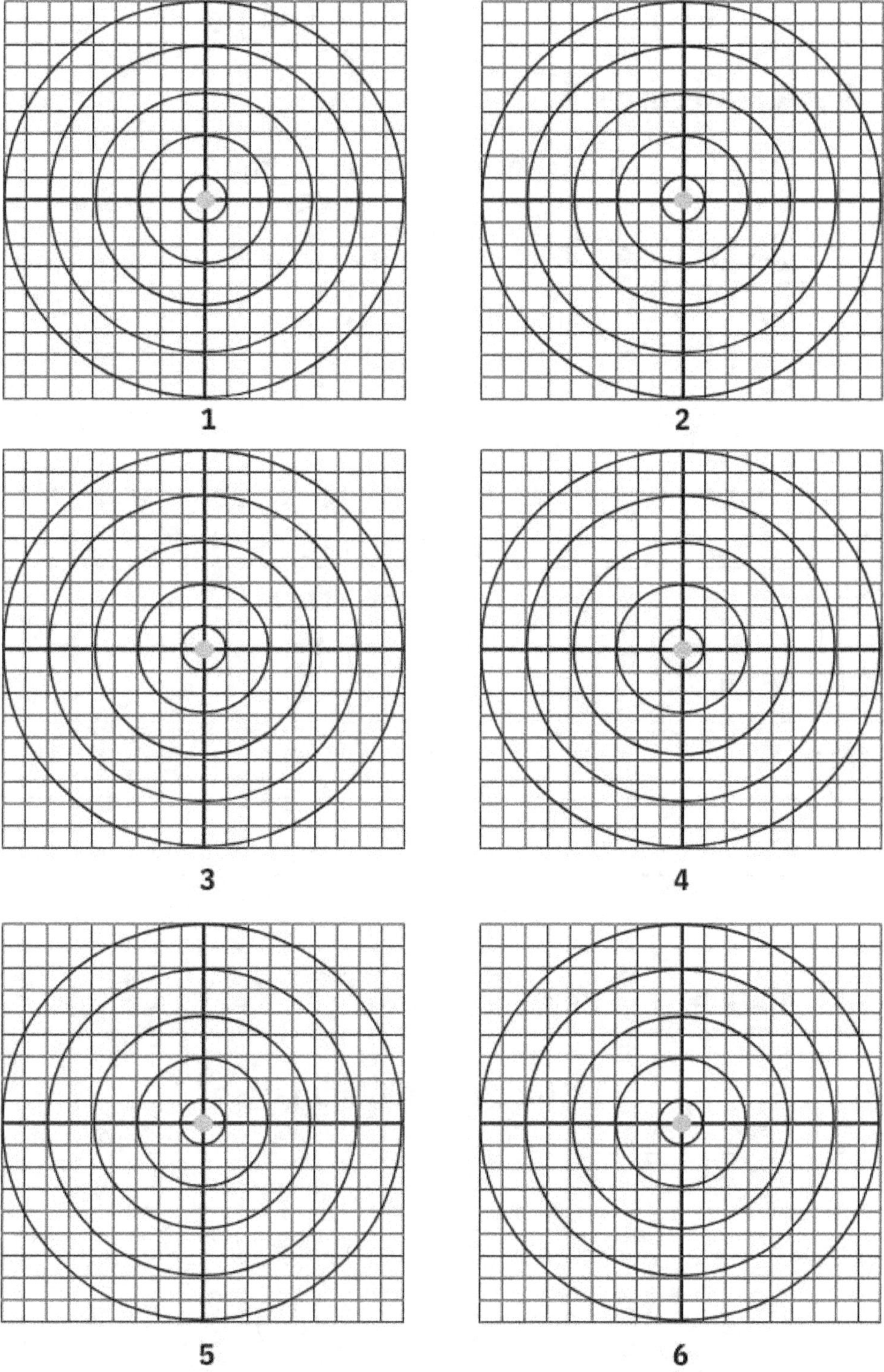

Une idée de cadeau parfaite pour les débutants et les professionnels

Livre de données sur le tir sportif

Date: ___________________ Temps: __________

Localisation: _______________________________

Conditions météorologiques

☐   ☐   ☐   ☐   ☐   ☐   _______   _______

Armes à feu:	
Balle:	Profondeur d'assise:
Poudre:	Céréales:
L'abécédaire:	
Laiton:	
Distance:	

Résultats globaux

☐ Mauvais   ☐ Juste   ☐ Bon   ☐ Excellent

Notes complémentaires

____

____

Une idée de cadeau parfaite pour les débutants et les professionnels

Livre de données sur le tir sportif

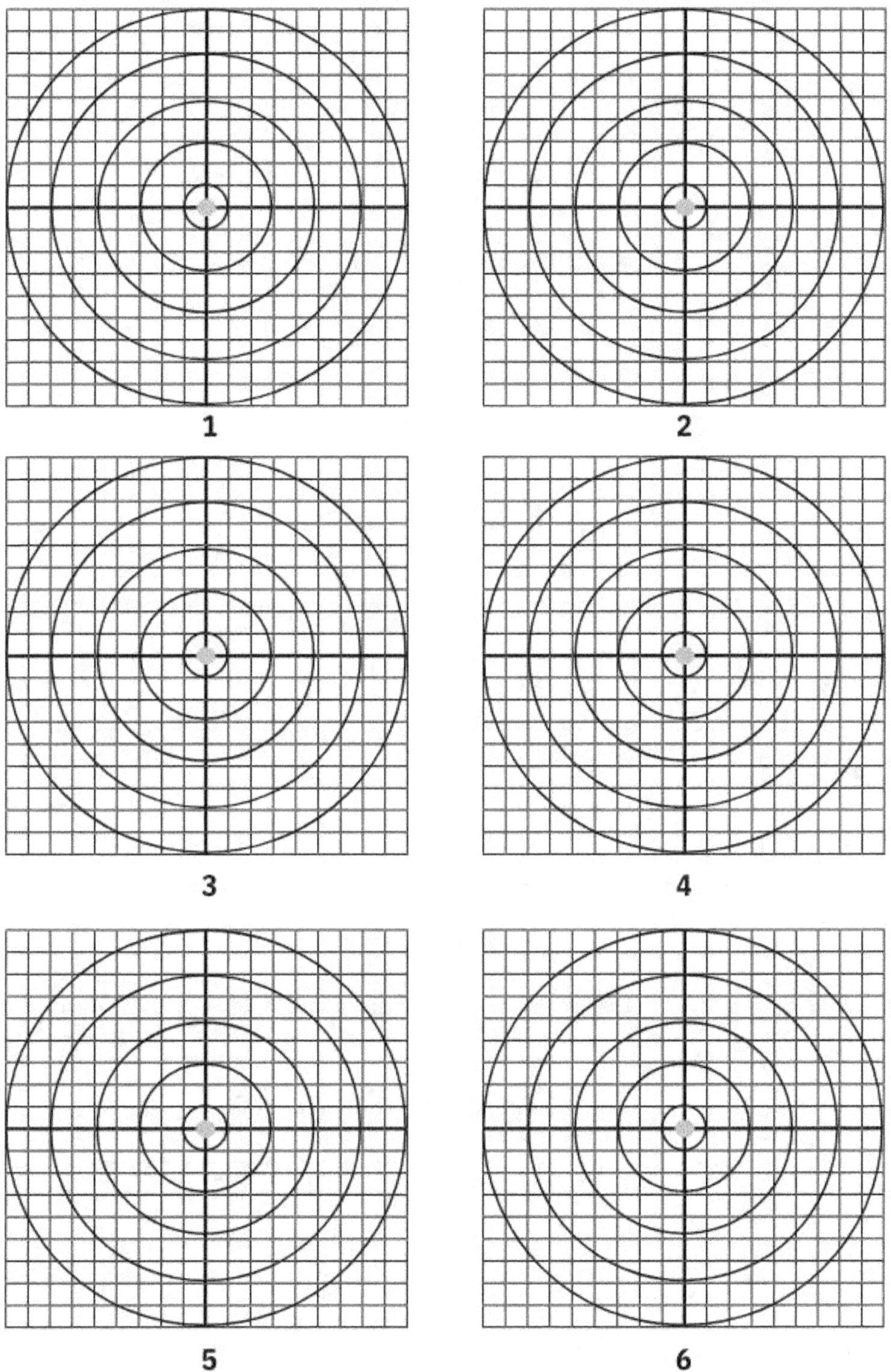

Une idée de cadeau parfaite pour les débutants et les professionnels

Livre de données sur le tir sportif

Date: _______________   Temps: _________

Localisation: _________________________________

Conditions météorologiques

☐ ☐ ☐ ☐ ☐ ☐ _______ _______

Armes à feu:	
Balle:	Profondeur d'assise:
Poudre:	Céréales:
L'abécédaire:	
Laiton:	
Distance:	

Résultats globaux

☐ Mauvais ☐ Juste ☐ Bon ☐ Excellent

Notes complémentaires

____

____

☆ ☆ ☆ ☆ ☆

Une idée de cadeau parfaite pour les débutants et les professionnels

Livre de données sur le tir sportif

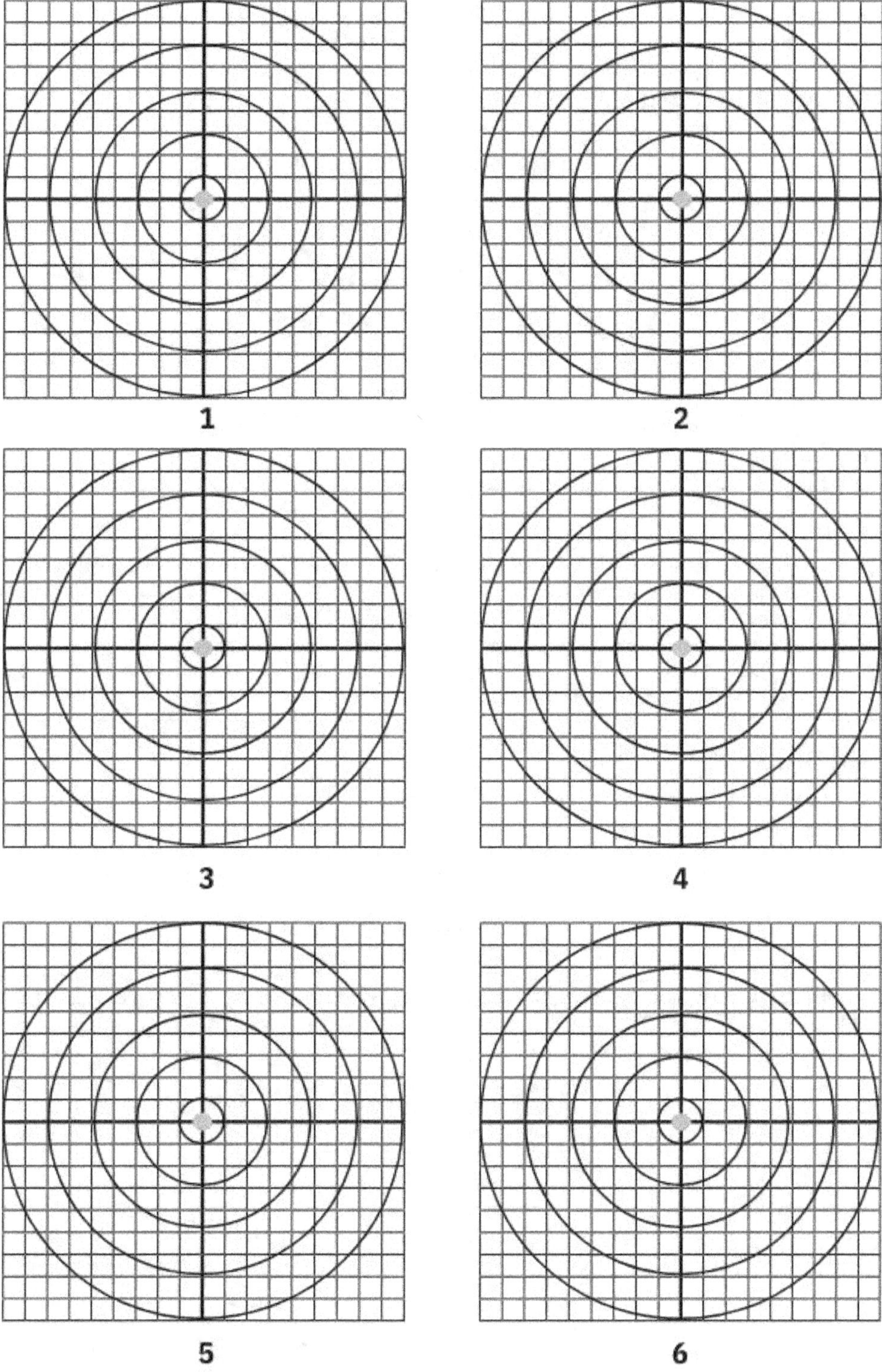

Une idée de cadeau parfaite pour les débutants et les professionnels

Livre de données sur le tir sportif

📅 Date: _______________ 🕐 Temps: _________

📍 Localisation: _______________________

Conditions météorologiques

☐   ☐   ☐   ☐   ☐   ☐   _______   _______

Armes à feu:	
Balle:	Profondeur d'assise:
Poudre:	Céréales:
L'abécédaire:	
Laiton:	
Distance:	

Résultats globaux

☐ Mauvais   ☐ Juste   ☐ Bon   ☐ Excellent

Notes complémentaires

____

____

☆ ☆ ☆ ☆ ☆

Une idée de cadeau parfaite pour les débutants et les professionnels

Livre de données sur le tir sportif

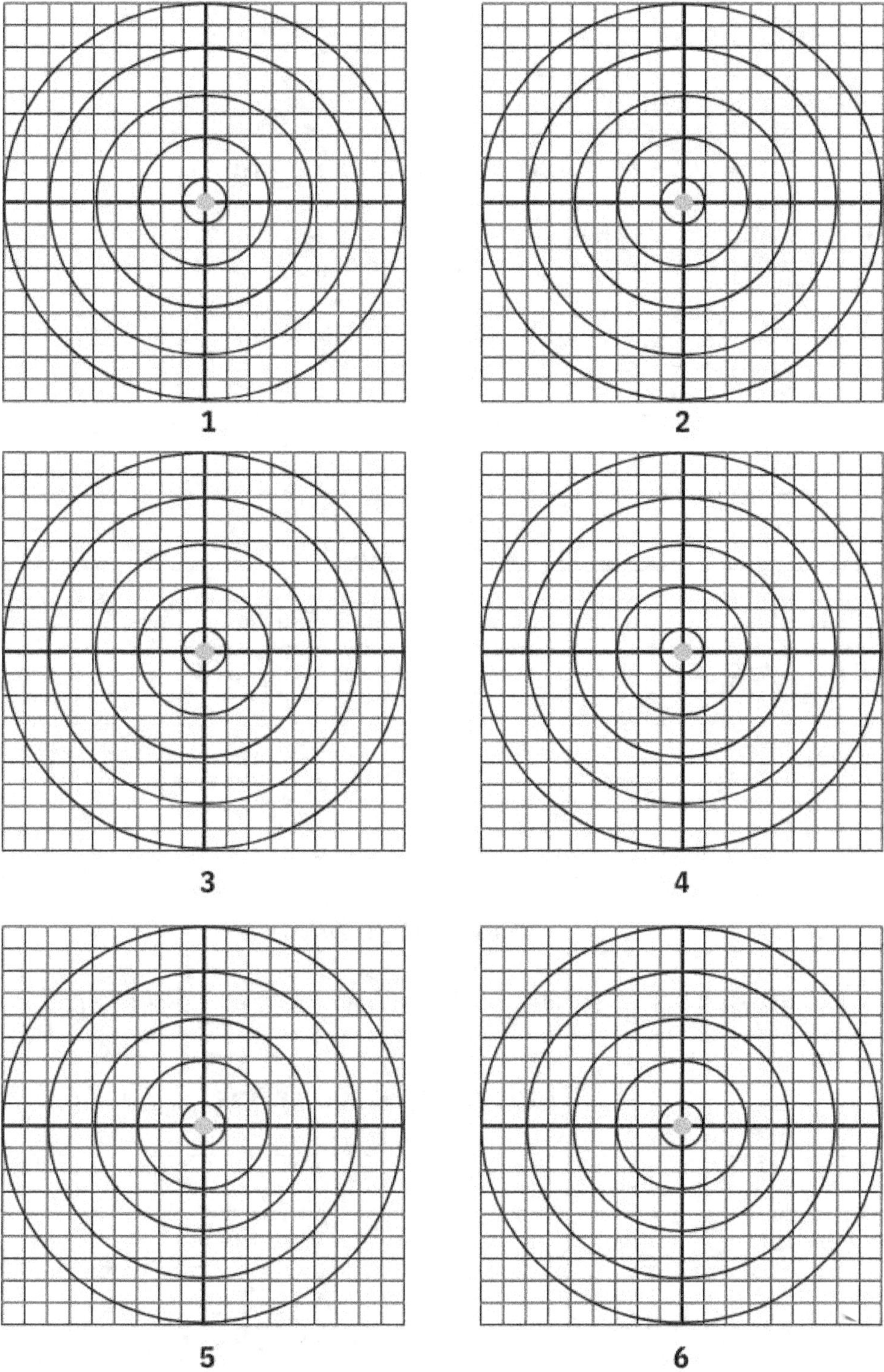

Une idée de cadeau parfaite pour les débutants et les professionnels

Livre de données sur le tir sportif

Date: ________________   Temps: __________

Localisation: ______________________________

Conditions météorologiques

☐   ☐   ☐   ☐   ☐   ☐   ________   ________

Armes à feu:	
Balle:	Profondeur d'assise:
Poudre:	Céréales:
L'abécédaire:	
Laiton:	
Distance:	

Résultats globaux

☐ Mauvais   ☐ Juste   ☐ Bon   ☐ Excellent

Notes complémentaires

____

____

____

☆ ☆ ☆ ☆ ☆

Une idée de cadeau parfaite pour les débutants et les professionnels

Livre de données sur le tir sportif

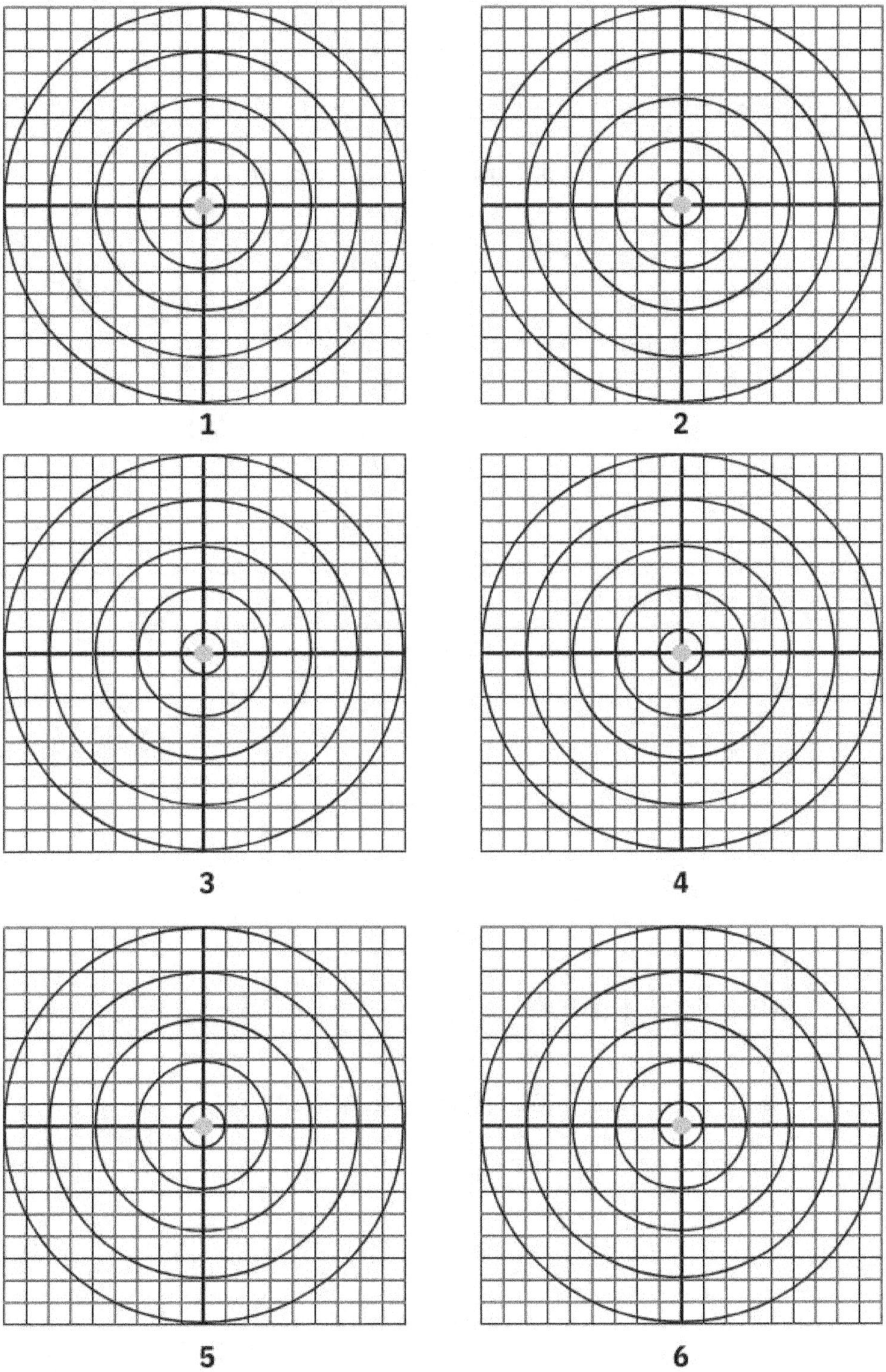

Une idée de cadeau parfaite pour les débutants et les professionnels

Livre de données sur le tir sportif

📅 Date: _________________________   🕐 Temps: _________

📍 Localisation: _________________________________

Conditions météorologiques

☐   ☐   ☐   ☐   ☐   ☐   _________   _________

Armes à feu:	
Balle:	Profondeur d'assise:
Poudre:	Céréales:
L'abécédaire:	
Laiton:	
Distance:	

Résultats globaux

☐ Mauvais   ☐ Juste   ☐ Bon   ☐ Excellent

Notes complémentaires

____

____

____

☆ ☆ ☆ ☆ ☆

Une idée de cadeau parfaite pour les débutants et les professionnels

Livre de données sur le tir sportif

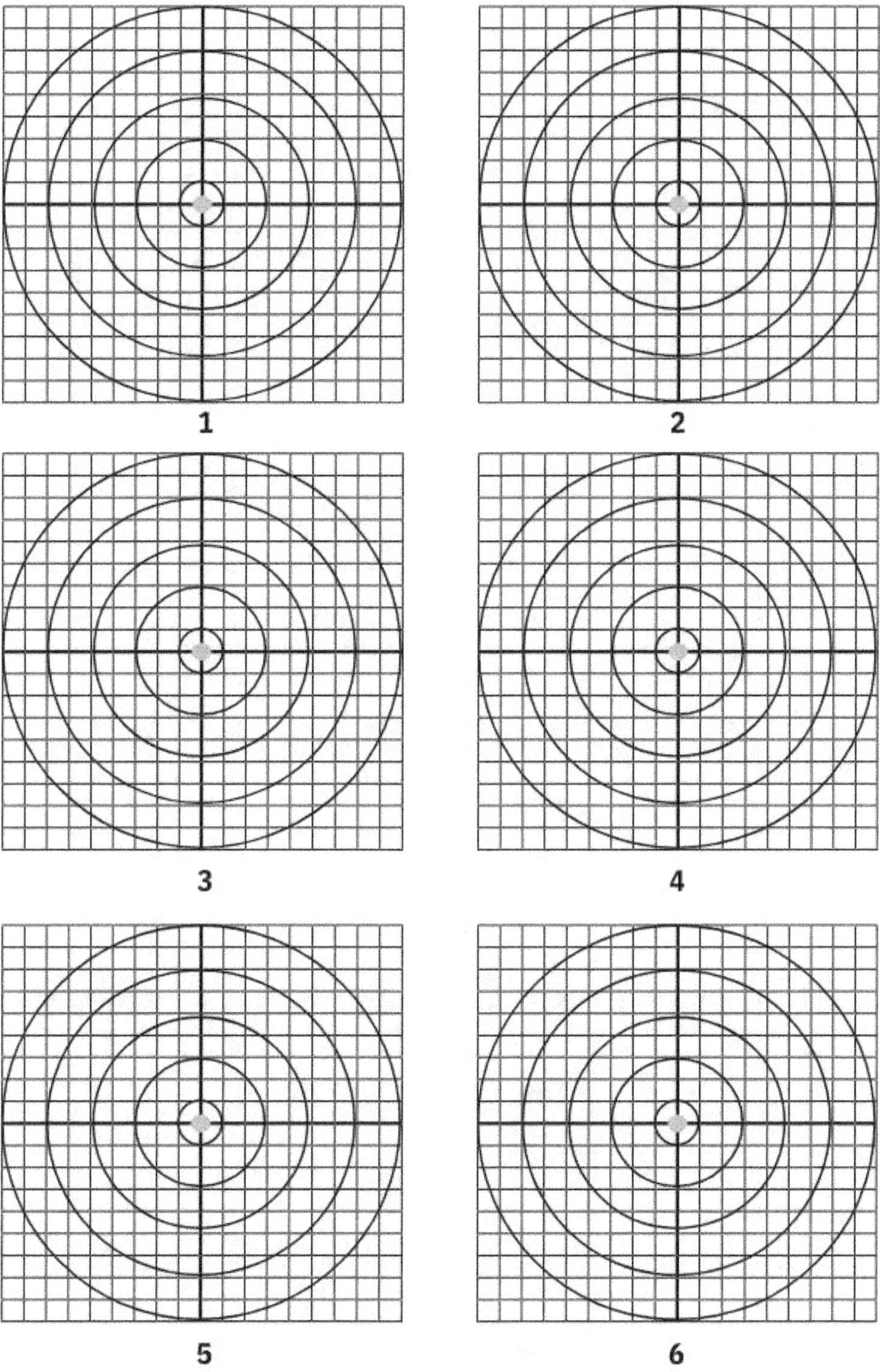

Une idée de cadeau parfaite pour les débutants et les professionnels

Livre de données sur le tir sportif

Date: ______________________   Temps: __________

Localisation: ______________________

Conditions météorologiques

☐   ☐   ☐   ☐   ☐   ☐   ______   ______

Armes à feu:	
Balle:	Profondeur d'assise:
Poudre:	Céréales:
L'abécédaire:	
Laiton:	
Distance:	

Résultats globaux

☐ Mauvais   ☐ Juste   ☐ Bon   ☐ Excellent

Notes complémentaires

____

____

____

☆ ☆ ☆ ☆ ☆

Une idée de cadeau parfaite pour les débutants et les professionnels

Livre de données sur le tir sportif

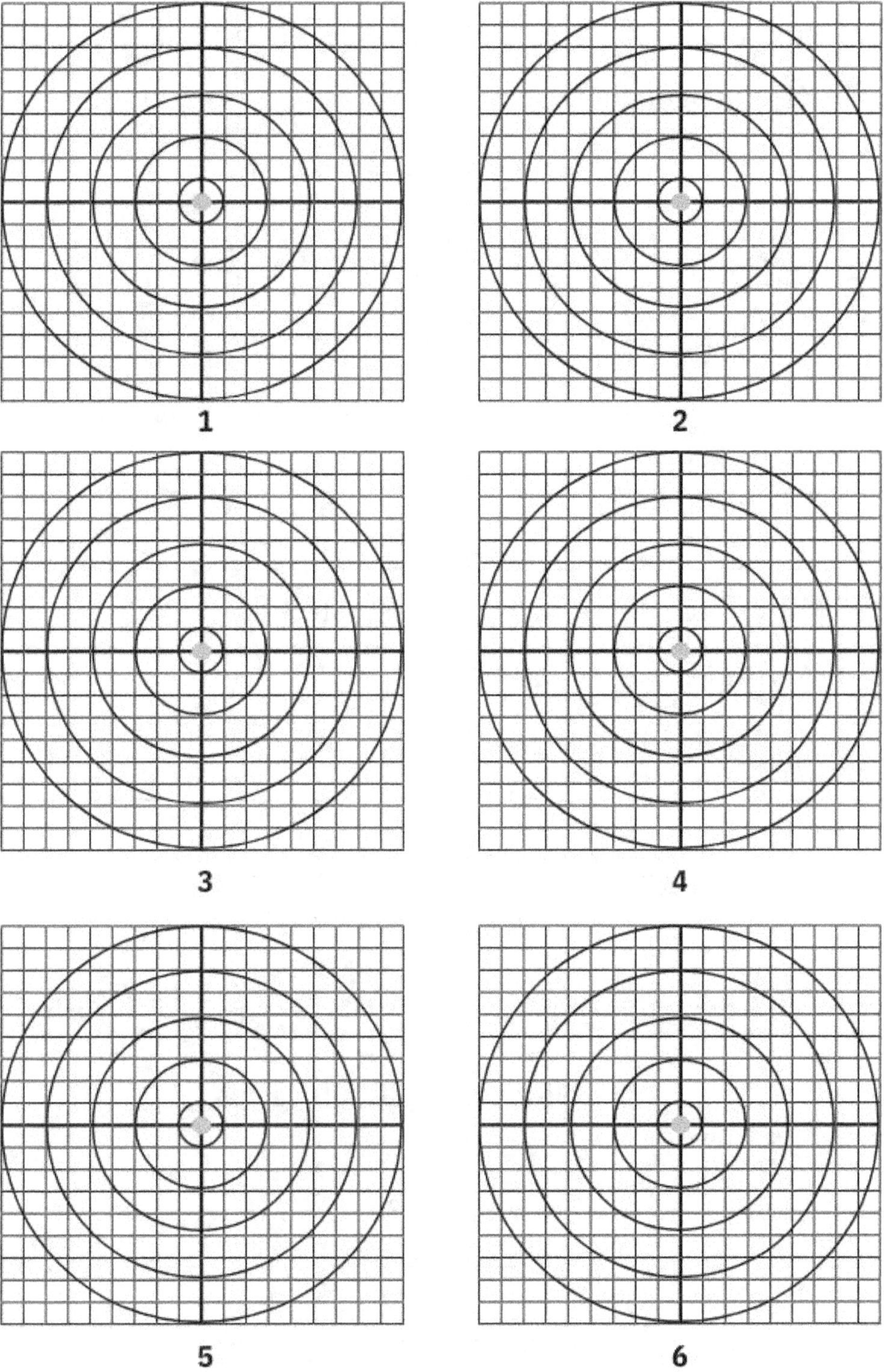

Une idée de cadeau parfaite pour les débutants et les professionnels

Livre de données sur le tir sportif

📅 Date: _________________________ 🕐 Temps: _________

📍 Localisation: _________________________________

Conditions météorologiques

☐   ☐   ☐   ☐   ☐   ☐   ____   ____

Armes à feu:	
Balle:	Profondeur d'assise:
Poudre:	Céréales:
L'abécédaire:	
Laiton:	
Distance:	

Résultats globaux

☐ Mauvais   ☐ Juste   ☐ Bon   ☐ Excellent

Notes complémentaires

____

____

☆ ☆ ☆ ☆ ☆

Une idée de cadeau parfaite pour les débutants et les professionnels

Livre de données sur le tir sportif

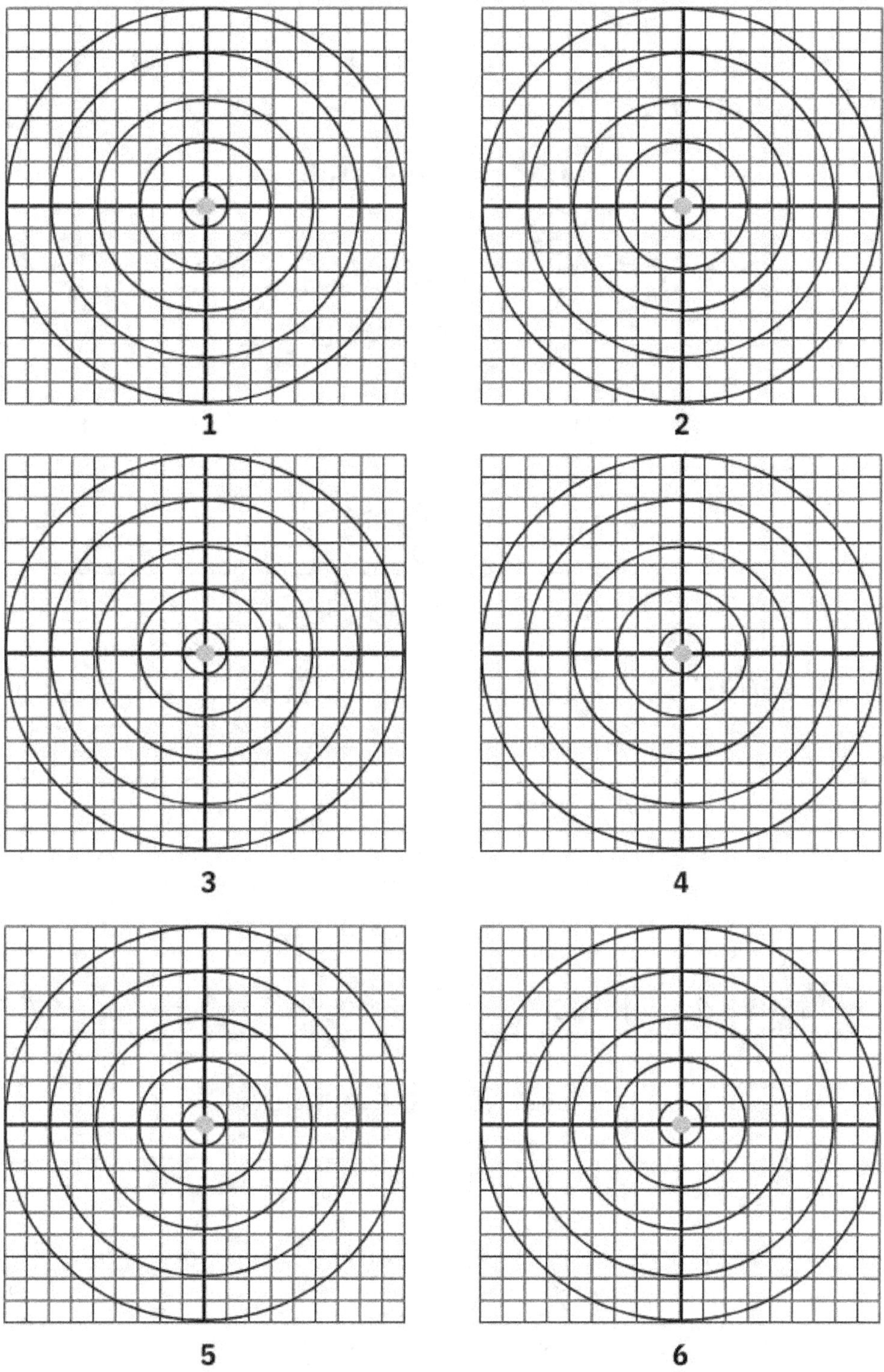

Une idée de cadeau parfaite pour les débutants et les professionnels

Livre de données sur le tir sportif

📅 Date: _________________________ 🕐 Temps: __________

📍 Localisation: _____________________________________

Conditions météorologiques

☀ ☁ ⛅ 🌦 🌧 🌨 🚩 🌡
☐ ☐ ☐ ☐ ☐ ☐ ____ ____

Armes à feu:	
Balle:	Profondeur d'assise:
Poudre:	Céréales:
L'abécédaire:	
Laiton:	
Distance:	

Résultats globaux

☐ Mauvais ☐ Juste ☐ Bon ☐ Excellent

Notes complémentaires

____

____

____

☆ ☆ ☆ ☆ ☆

Une idée de cadeau parfaite pour les débutants et les professionnels

Livre de données sur le tir sportif

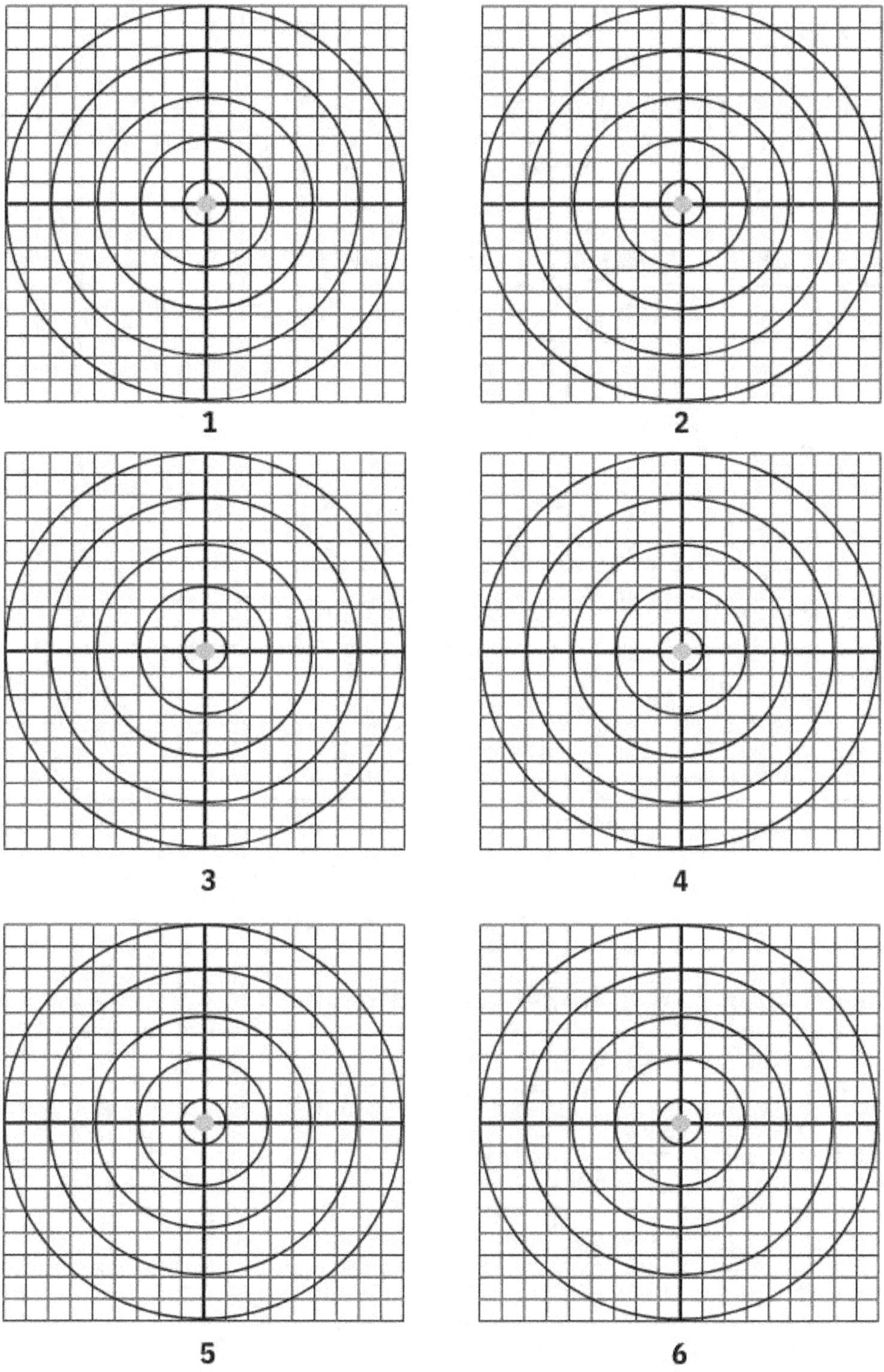

Une idée de cadeau parfaite pour les débutants et les professionnels

Livre de données sur le tir sportif

Date: _________________________ Temps: _________

Localisation: _______________________________

Conditions météorologiques

☐ ☐ ☐ ☐ ☐ ☐ _______ _______

Armes à feu:	
Balle:	Profondeur d'assise:
Poudre:	Céréales:
L'abécédaire:	
Laiton:	
Distance:	

Résultats globaux

☐ Mauvais ☐ Juste ☐ Bon ☐ Excellent

Notes complémentaires

____

____

____

☆ ☆ ☆ ☆ ☆

Une idée de cadeau parfaite pour les débutants et les professionnels

Livre de données sur le tir sportif

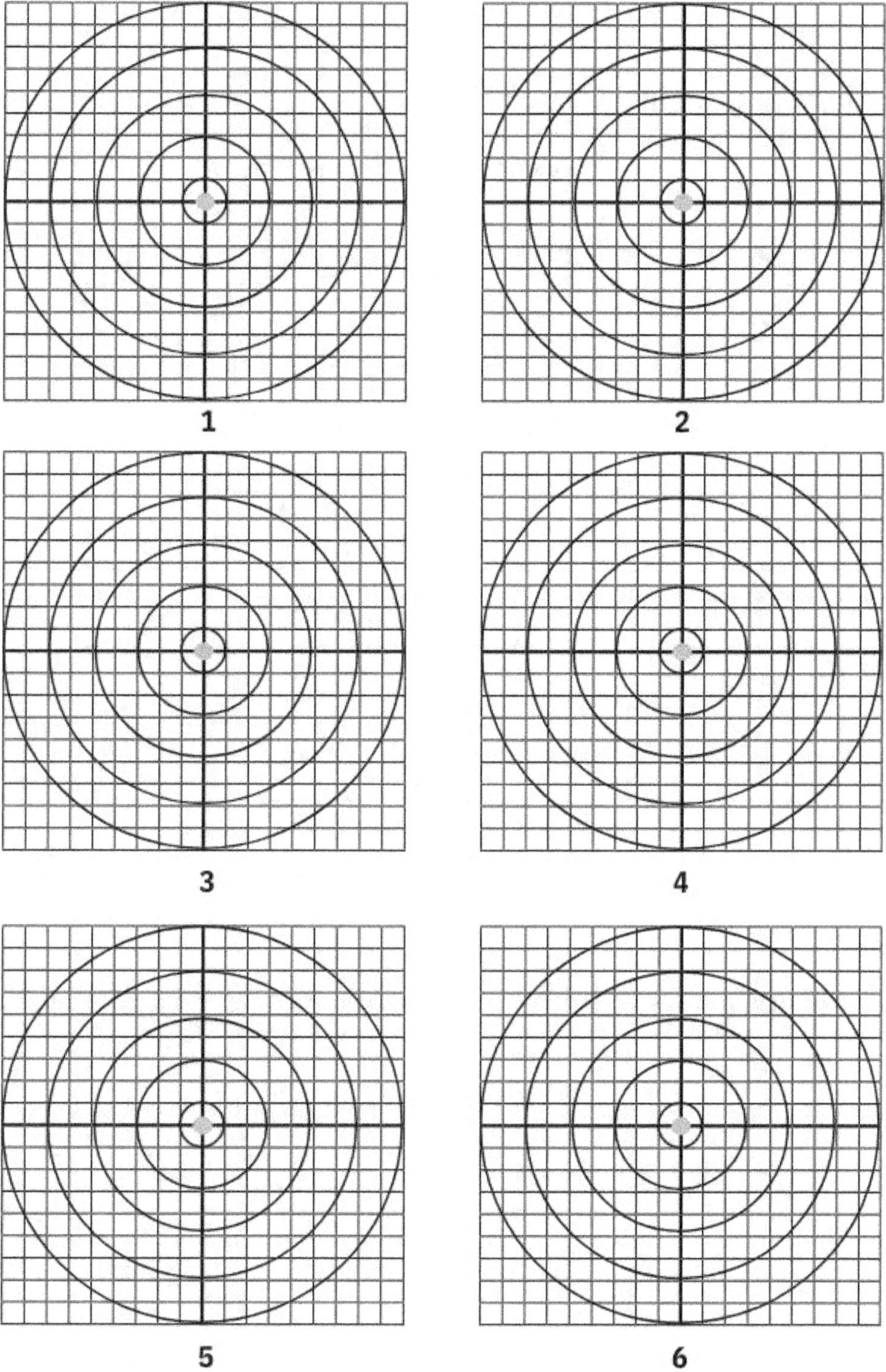

Une idée de cadeau parfaite pour les débutants et les professionnels

Livre de données sur le tir sportif

📅 Date: _________________   🕐 Temps: _________

📍 Localisation: _______________________________

Conditions météorologiques

☀ ☁ 🌤 🌧 🌧 🌨 🚩 🌡

☐   ☐   ☐   ☐   ☐   ☐   ____   ____

Armes à feu:	
Balle:	Profondeur d'assise:
Poudre:	Céréales:
L'abécédaire:	
Laiton:	
Distance:	

Résultats globaux

☐ Mauvais   ☐ Juste   ☐ Bon   ☐ Excellent

Notes complémentaires

____

____

____

☆ ☆ ☆ ☆ ☆

Une idée de cadeau parfaite pour les débutants et les professionnels

Livre de données sur le tir sportif

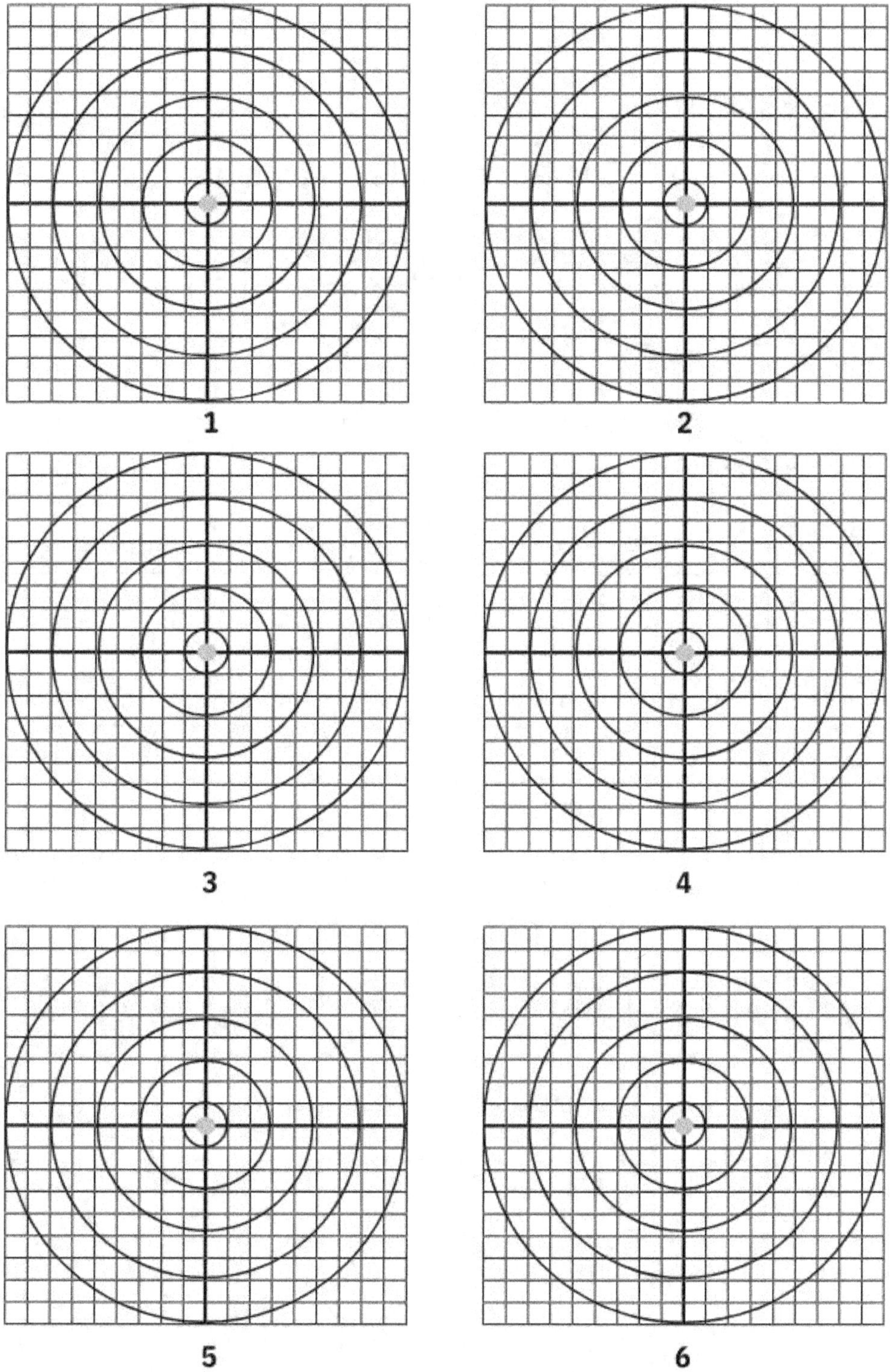

Une idée de cadeau parfaite pour les débutants et les professionnels

Livre de données sur le tir sportif

📅 Date: _________________   🕐 Temps: _________

📍 Localisation: ___________________________________

Conditions météorologiques

☐ ☐ ☐ ☐ ☐ ☐ _________   _________

Armes à feu:	
Balle:	Profondeur d'assise:
Poudre:	Céréales:
L'abécédaire:	
Laiton:	
Distance:	

Résultats globaux

☐ Mauvais   ☐ Juste   ☐ Bon   ☐ Excellent

Notes complémentaires

____

____

☆ ☆ ☆ ☆ ☆

Une idée de cadeau parfaite pour les débutants et les professionnels

Livre de données sur le tir sportif

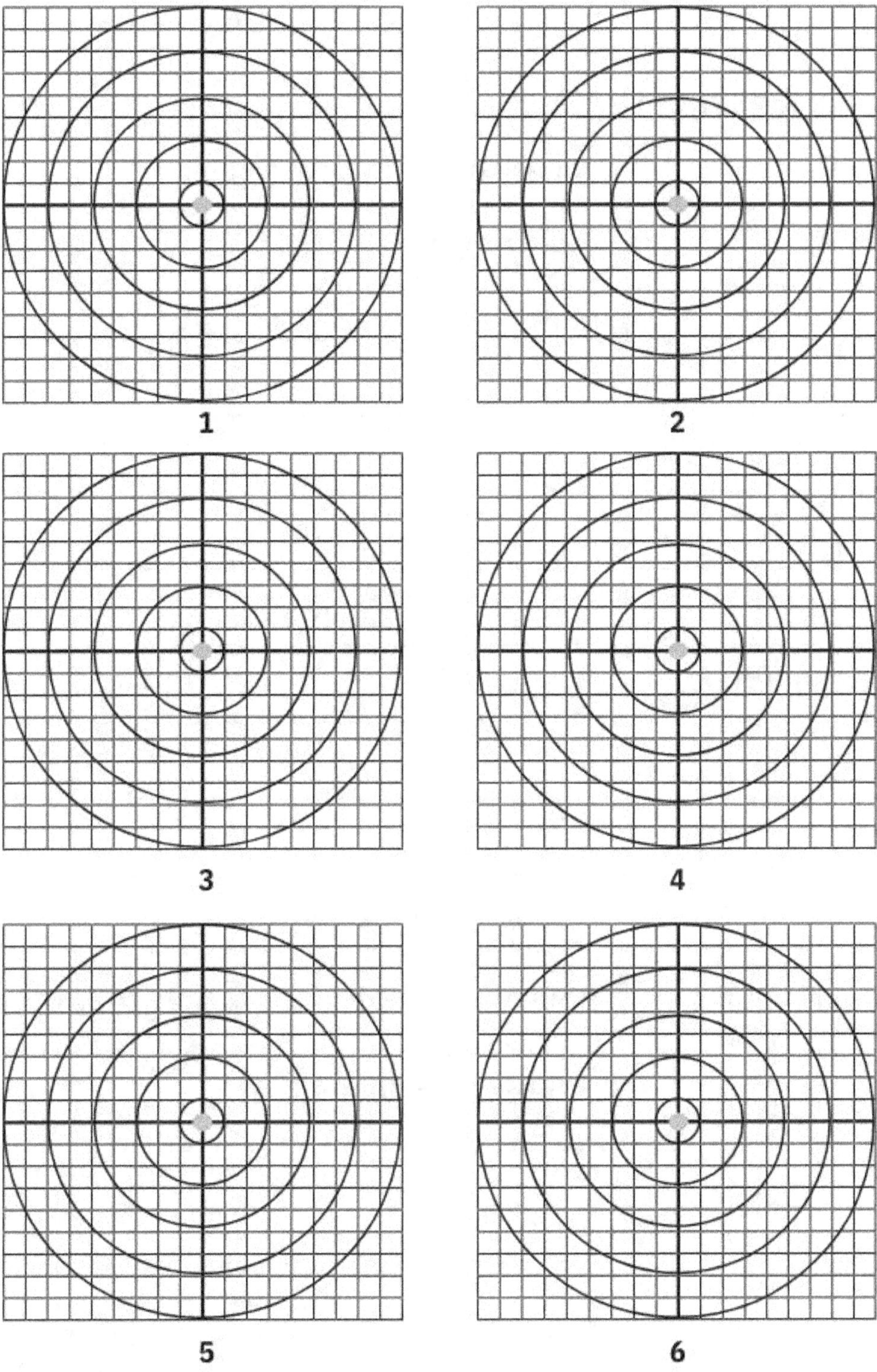

Une idée de cadeau parfaite pour les débutants et les professionnels

Livre de données sur le tir sportif

📅 Date: _________________ 🕐 Temps: __________

📍 Localisation: _________________________________

Conditions météorologiques

☐   ☐   ☐   ☐   ☐   ☐   _______   _______

Armes à feu:	
Balle:	Profondeur d'assise:
Poudre:	Céréales:
L'abécédaire:	
Laiton:	
Distance:	

Résultats globaux

☐ Mauvais   ☐ Juste   ☐ Bon   ☐ Excellent

Notes complémentaires

____

____

☆ ☆ ☆ ☆ ☆

Une idée de cadeau parfaite pour les débutants et les professionnels

Livre de données sur le tir sportif

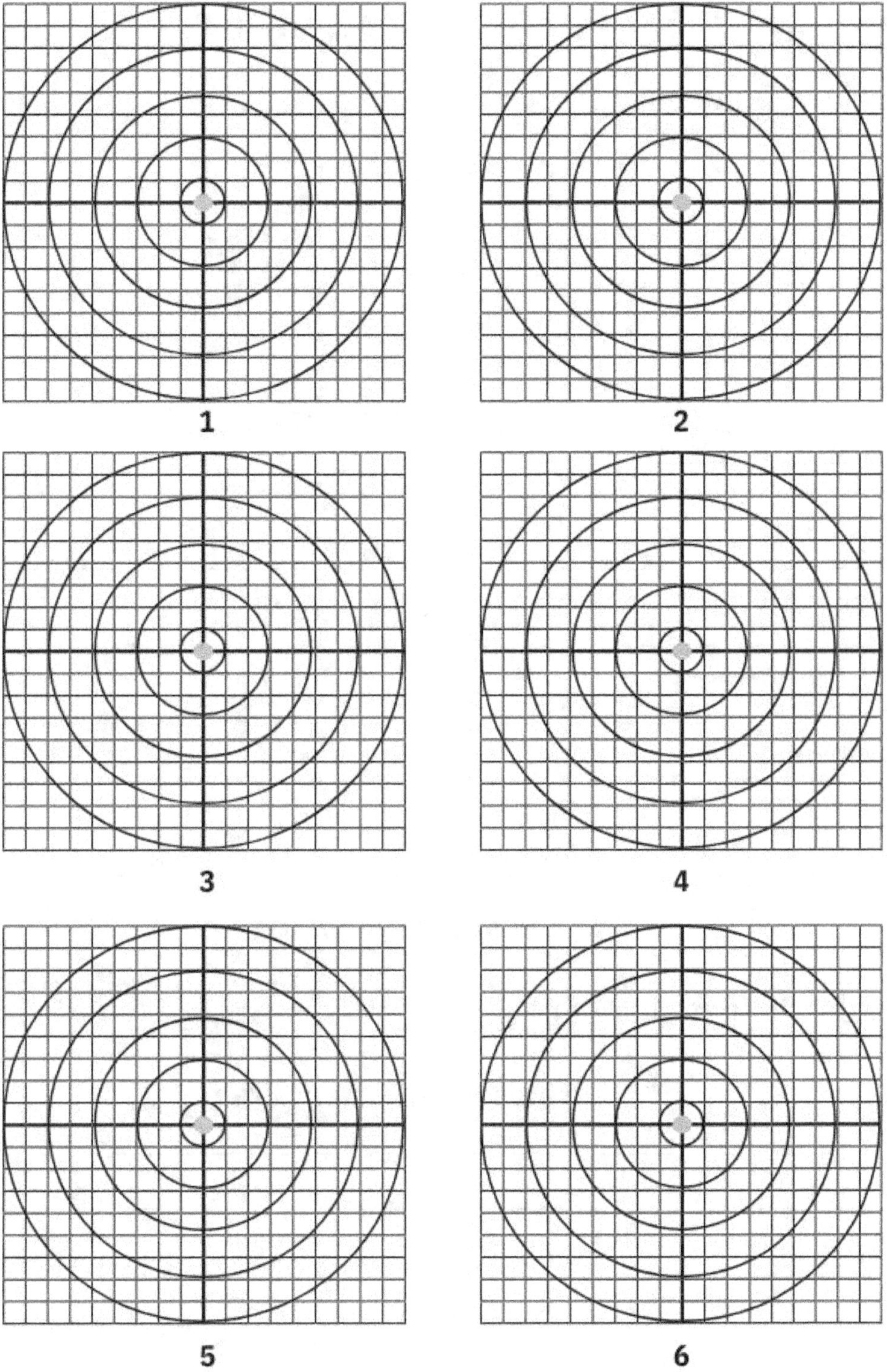

Une idée de cadeau parfaite pour les débutants et les professionnels

Livre de données sur le tir sportif

Date: _____________________ Temps: __________

Localisation: _____________________________

Conditions météorologiques

☐   ☐   ☐   ☐   ☐   ☐   _______   _______

Armes à feu:	
Balle:	Profondeur d'assise:
Poudre:	Céréales:
L'abécédaire:	
Laiton:	
Distance:	

Résultats globaux

☐ Mauvais   ☐ Juste   ☐ Bon   ☐ Excellent

Notes complémentaires

____

____

☆ ☆ ☆ ☆ ☆

Une idée de cadeau parfaite pour les débutants et les professionnels

Livre de données sur le tir sportif

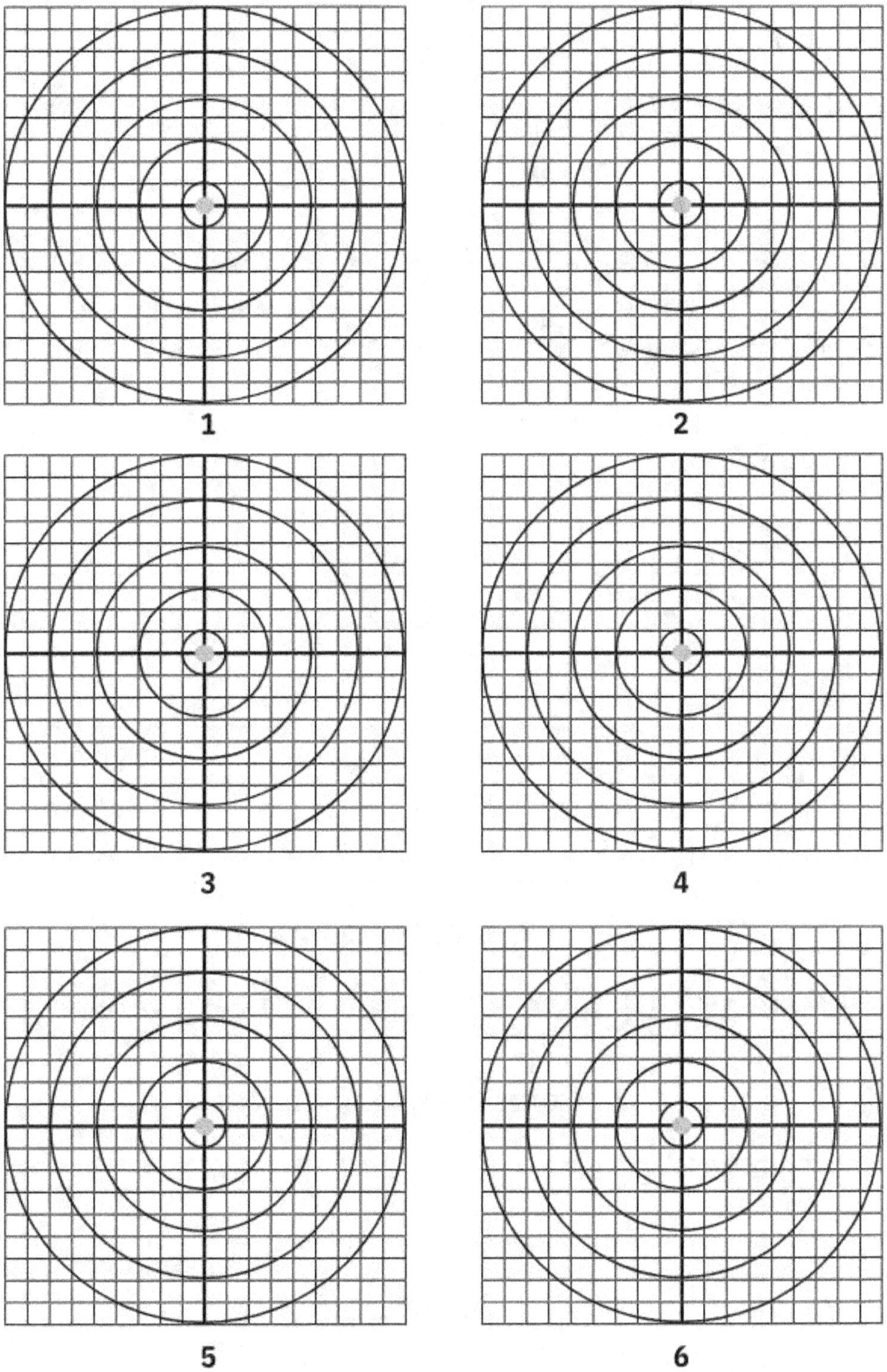

Une idée de cadeau parfaite pour les débutants et les professionnels

Livre de données sur le tir sportif

📅 Date: ___________________   🕐 Temps: __________

📍 Localisation: _______________________________

Conditions météorologiques

☀ ☐ ⛅ ☐ 🌥 ☐ 🌦 ☐ 🌧 ☐ 🌨 ☐ 🚩 _____ 🌡 _____

Armes à feu:	
Balle:	Profondeur d'assise:
Poudre:	Céréales:
L'abécédaire:	
Laiton:	
Distance:	

Résultats globaux

☐ Mauvais   ☐ Juste   ☐ Bon   ☐ Excellent

Notes complémentaires

____

____

____

☆ ☆ ☆ ☆ ☆

Une idée de cadeau parfaite pour les débutants et les professionnels

Livre de données sur le tir sportif

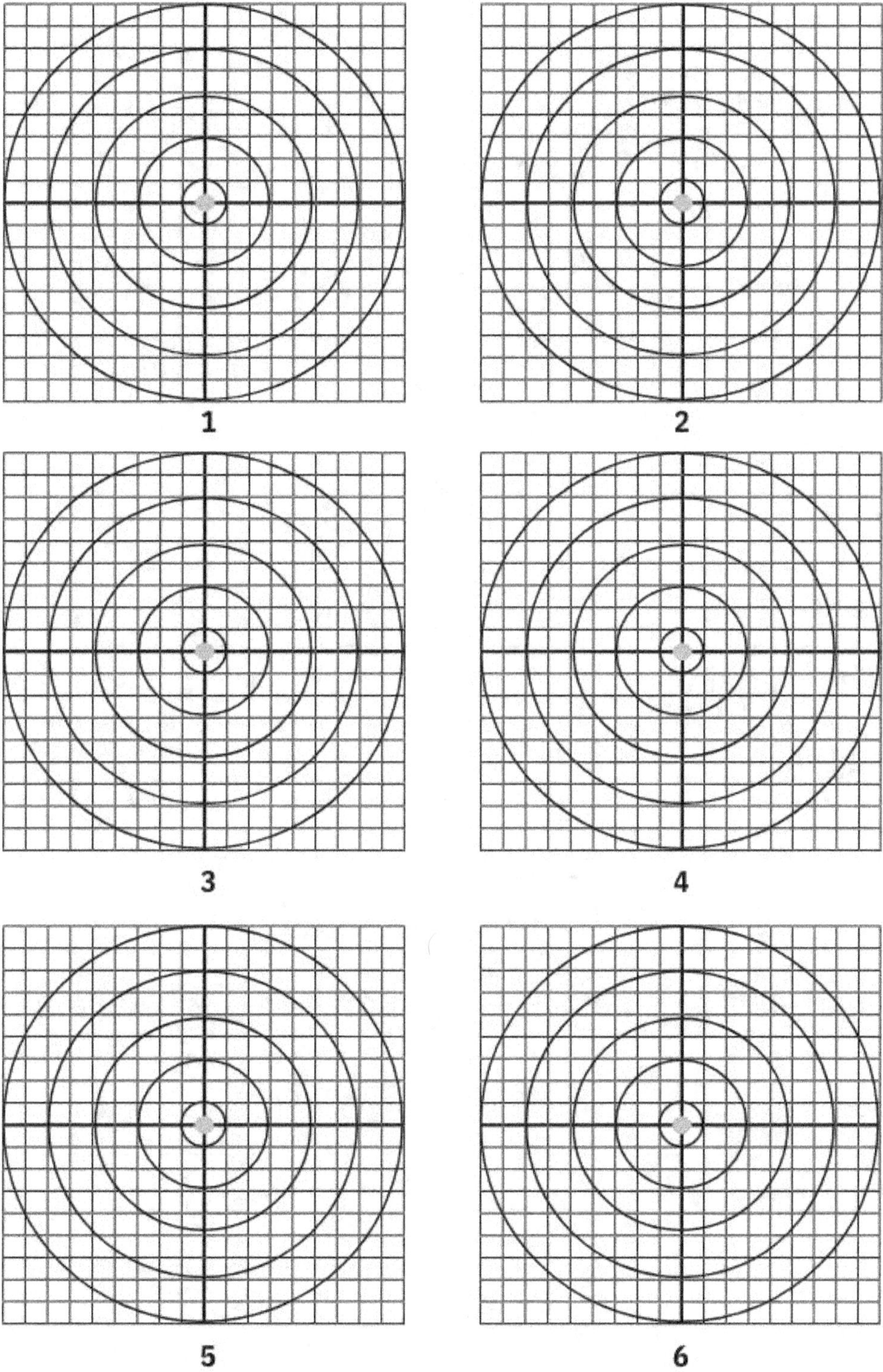

Une idée de cadeau parfaite pour les débutants et les professionnels

Livre de données sur le tir sportif

📅 Date: _____________________ 🕐 Temps: __________

📍 Localisation: _________________________________

Conditions météorologiques

☐ ☐ ☐ ☐ ☐ ☐ _____ _____

Armes à feu:	
Balle:	Profondeur d'assise:
Poudre:	Céréales:
L'abécédaire:	
Laiton:	
Distance:	

Résultats globaux

☐ Mauvais   ☐ Juste   ☐ Bon   ☐ Excellent

Notes complémentaires

____

____

____

☆ ☆ ☆ ☆ ☆

Une idée de cadeau parfaite pour les débutants et les professionnels

Livre de données sur le tir sportif

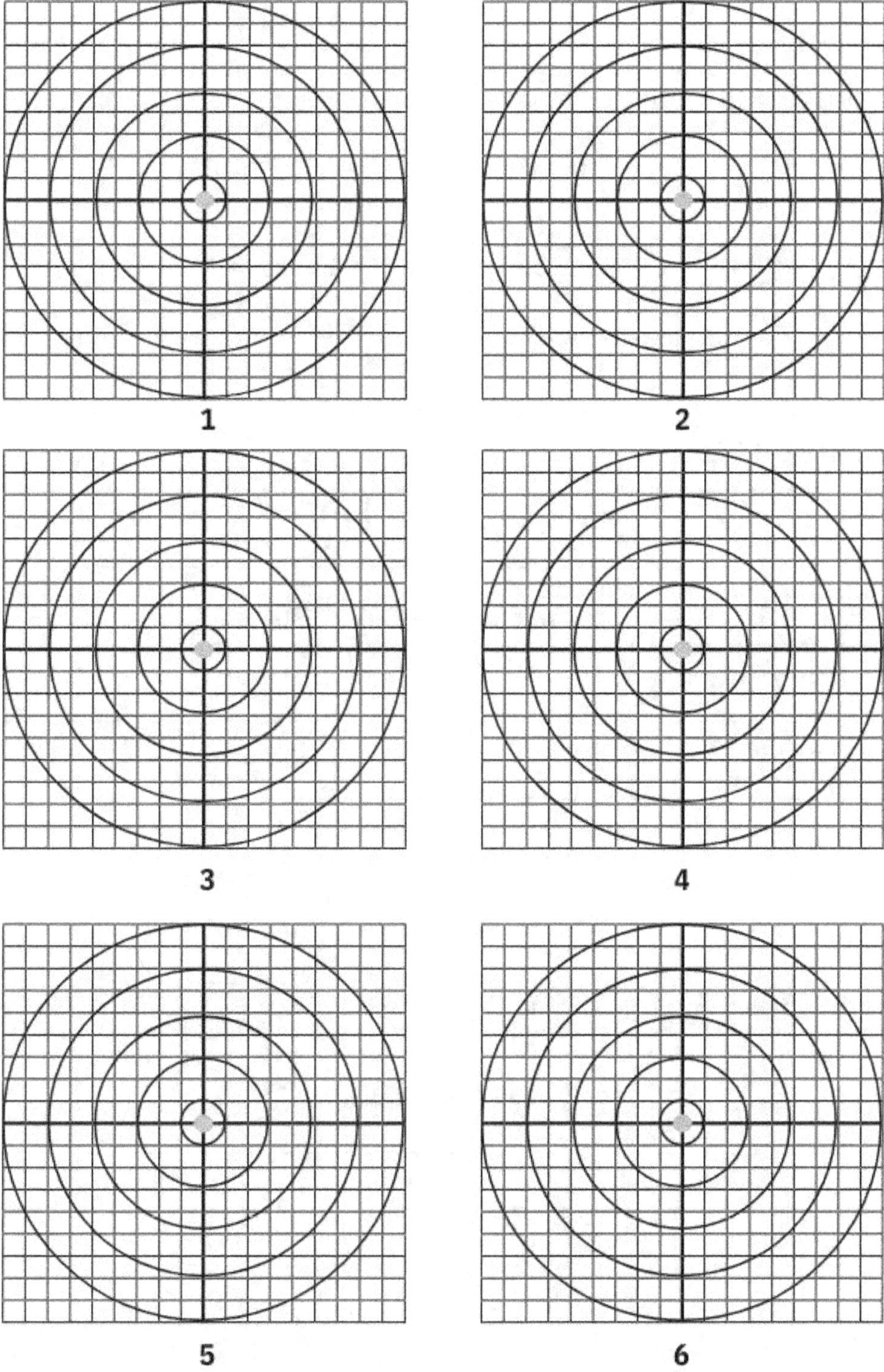

Une idée de cadeau parfaite pour les débutants et les professionnels

Livre de données sur le tir sportif

📅 Date: _____________________   🕐 Temps: __________

📍 Localisation: _______________________________

Conditions météorologiques

☐   ☐   ☐   ☐   ☐   ☐   _____   _____

Armes à feu:	
Balle:	Profondeur d'assise:
Poudre:	Céréales:
L'abécédaire:	
Laiton:	
Distance:	

Résultats globaux

☐ Mauvais   ☐ Juste   ☐ Bon   ☐ Excellent

Notes complémentaires

____

____

____

☆ ☆ ☆ ☆ ☆

Une idée de cadeau parfaite pour les débutants et les professionnels

Livre de données sur le tir sportif

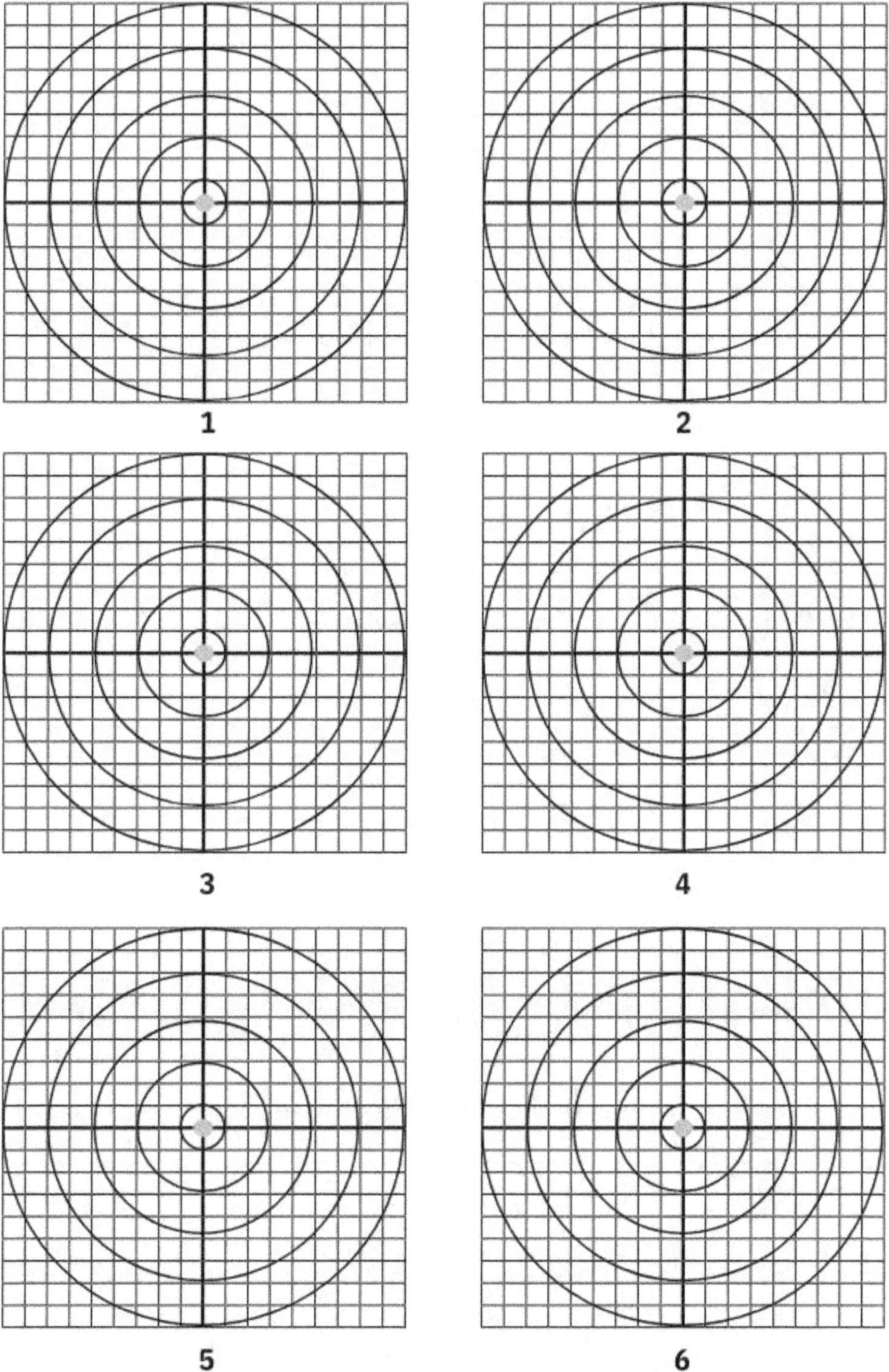

Une idée de cadeau parfaite pour les débutants et les professionnels

Livre de données sur le tir sportif

Date: ___________________ Temps: __________

Localisation: _______________________________

Conditions météorologiques

☐	☐	☐	☐	☐	☐	_____	_____

Armes à feu:	
Balle:	Profondeur d'assise:
Poudre:	Céréales:
L'abécédaire:	
Laiton:	
Distance:	

Résultats globaux

☐ Mauvais   ☐ Juste   ☐ Bon   ☐ Excellent

Notes complémentaires

____

____

____

☆ ☆ ☆ ☆ ☆

Une idée de cadeau parfaite pour les débutants et les professionnels

Livre de données sur le tir sportif

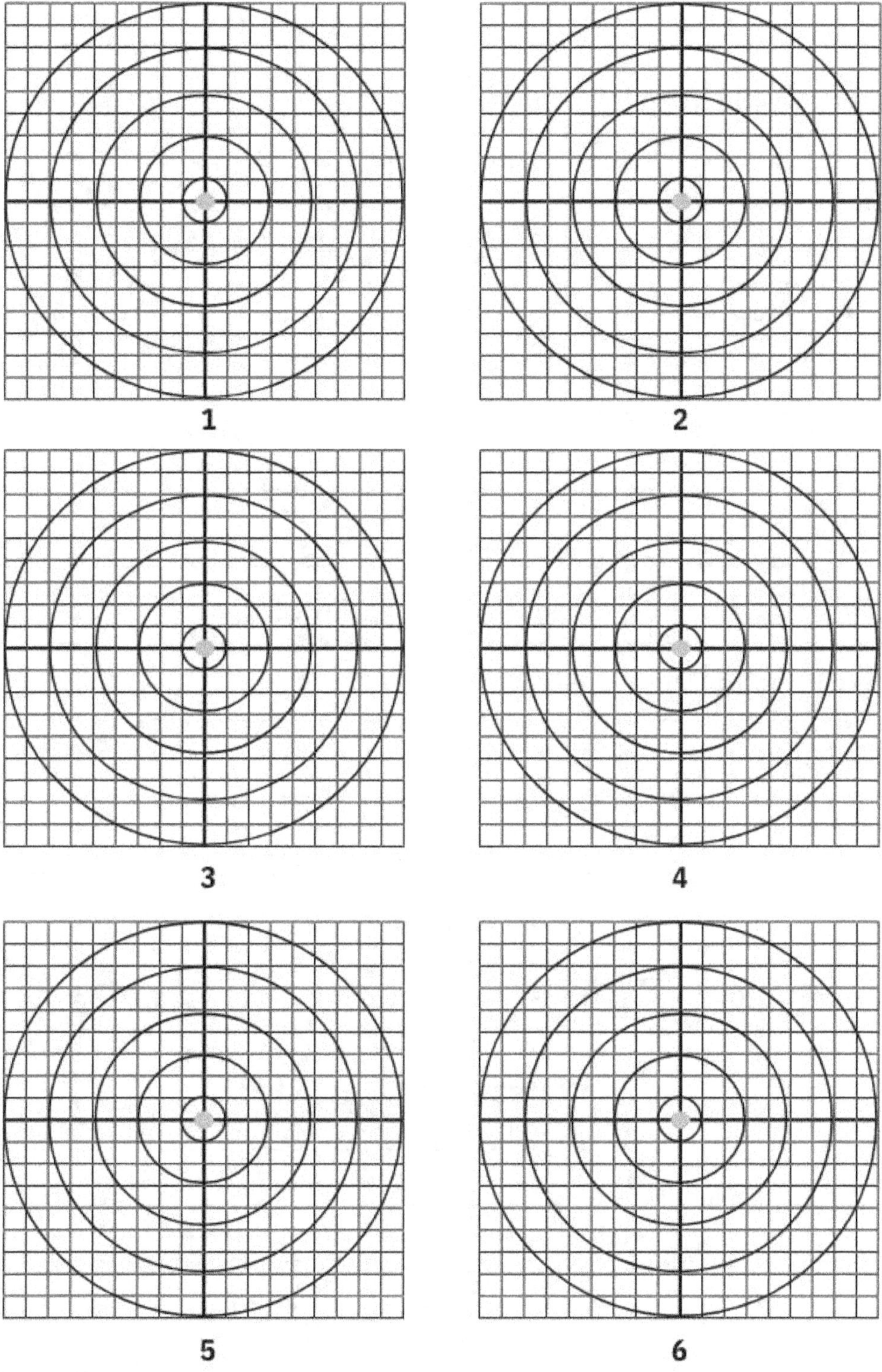

Une idée de cadeau parfaite pour les débutants et les professionnels

Livre de données sur le tir sportif

📅 Date: ________________________   🕐 Temps: ________

📍 Localisation: _______________________________

Conditions météorologiques

☐ ☐ ☐ ☐ ☐ ☐ _______ _______

Armes à feu:	
Balle:	Profondeur d'assise:
Poudre:	Céréales:
L'abécédaire:	
Laiton:	
Distance:	

Résultats globaux

☐ Mauvais   ☐ Juste   ☐ Bon   ☐ Excellent

Notes complémentaires

____

____

____

☆ ☆ ☆ ☆ ☆

Une idée de cadeau parfaite pour les débutants et les professionnels

Livre de données sur le tir sportif

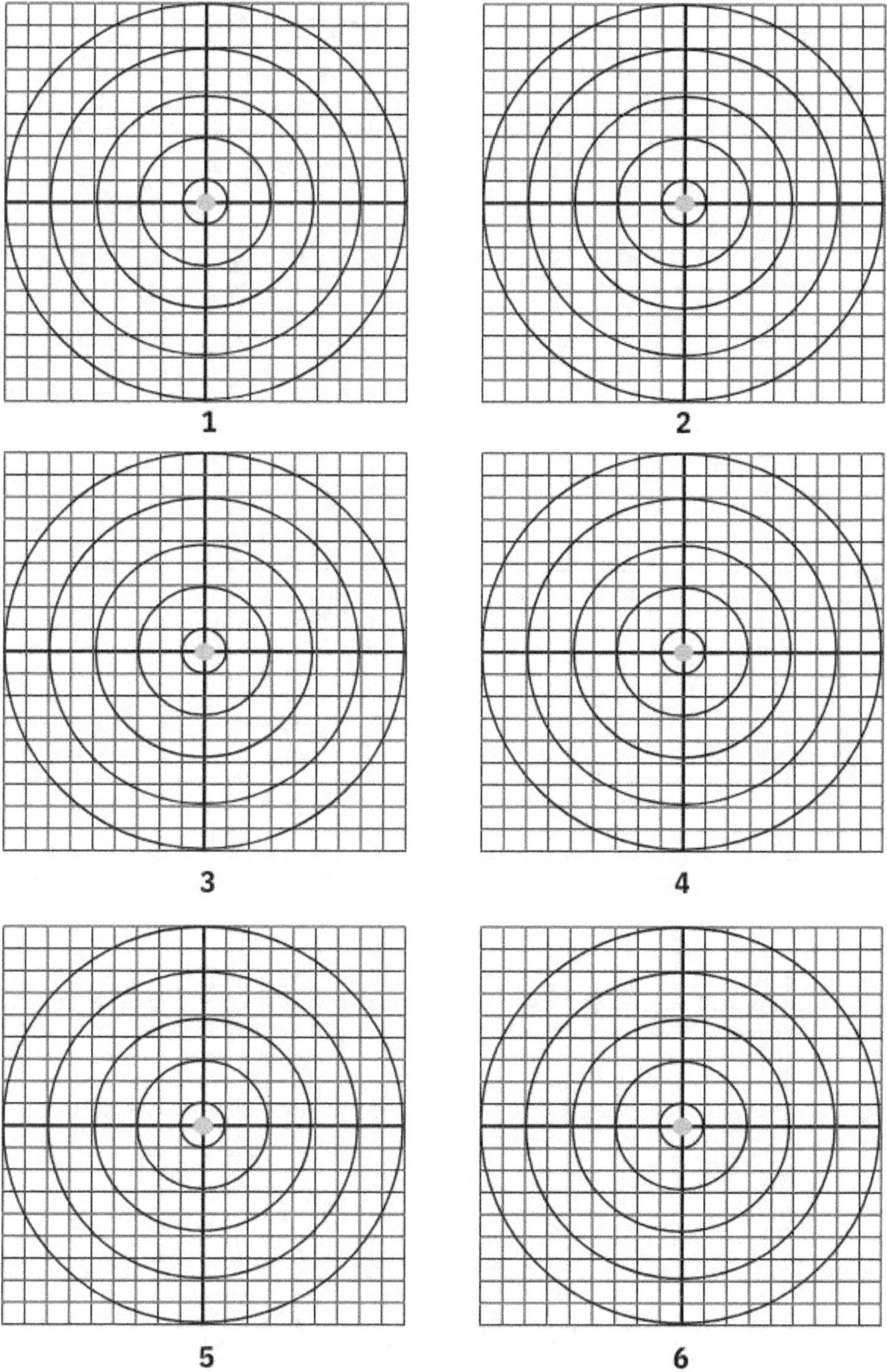

Une idée de cadeau parfaite pour les débutants et les professionnels

Livre de données sur le tir sportif

Date: _________________________ Temps: __________

Localisation: _______________________________________

Conditions météorologiques

☐   ☐   ☐   ☐   ☐   ☐   _________   _________

Armes à feu:	
Balle:	Profondeur d'assise:
Poudre:	Céréales:
L'abécédaire:	
Laiton:	
Distance:	

Résultats globaux

☐ Mauvais   ☐ Juste   ☐ Bon   ☐ Excellent

Notes complémentaires

____

____

____

☆ ☆ ☆ ☆ ☆

Une idée de cadeau parfaite pour les débutants et les professionnels

Livre de données sur le tir sportif

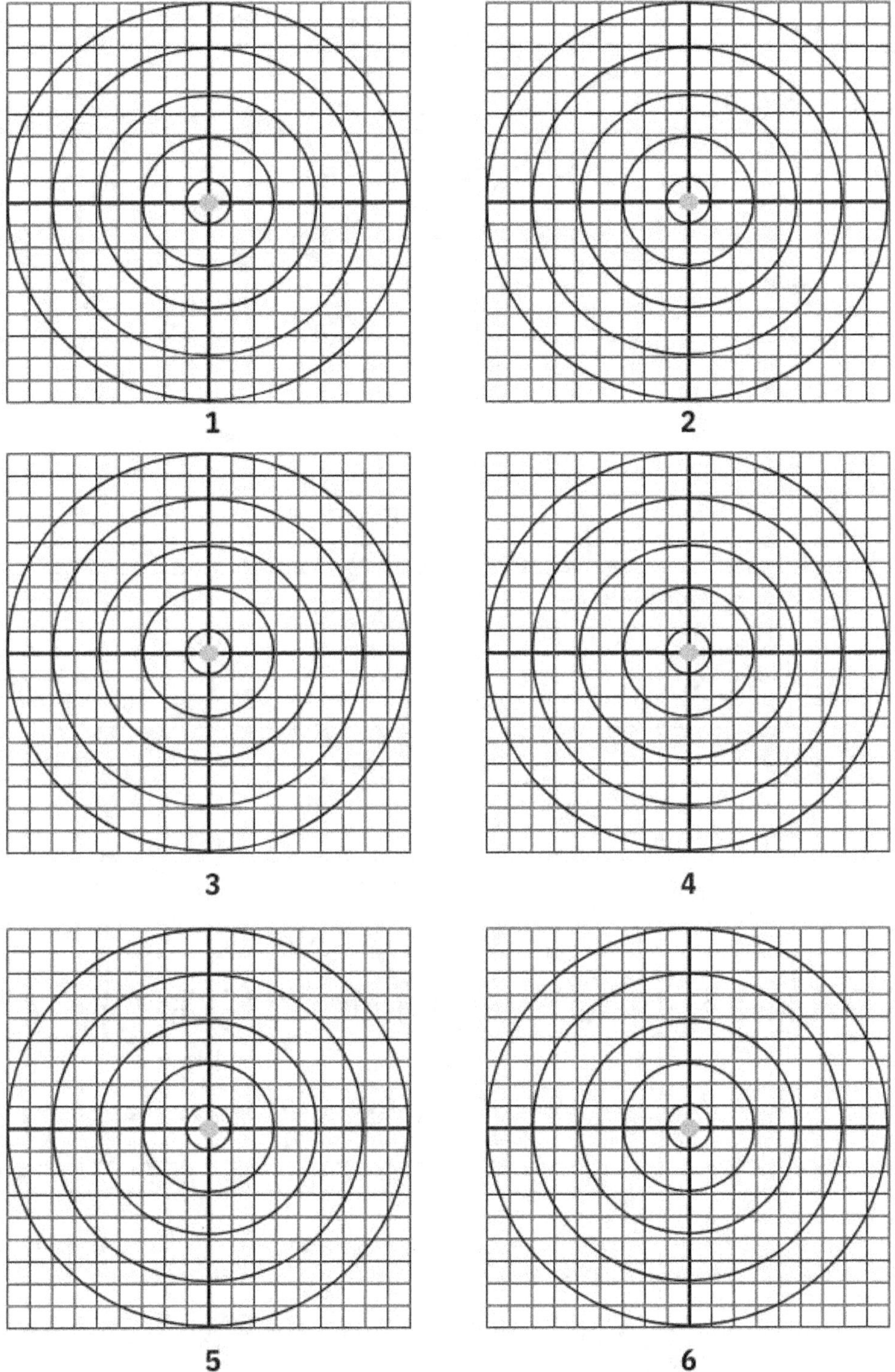

Une idée de cadeau parfaite pour les débutants et les professionnels

Livre de données sur le tir sportif

Date: _________________________ Temps: __________

Localisation: _________________________________

Conditions météorologiques

☐ ☐ ☐ ☐ ☐ ☐ _______ _______

Armes à feu:	
Balle:	Profondeur d'assise:
Poudre:	Céréales:
L'abécédaire:	
Laiton:	
Distance:	

Résultats globaux

☐ Mauvais   ☐ Juste   ☐ Bon   ☐ Excellent

Notes complémentaires

____

____

☆ ☆ ☆ ☆ ☆

Une idée de cadeau parfaite pour les débutants et les professionnels

Livre de données sur le tir sportif

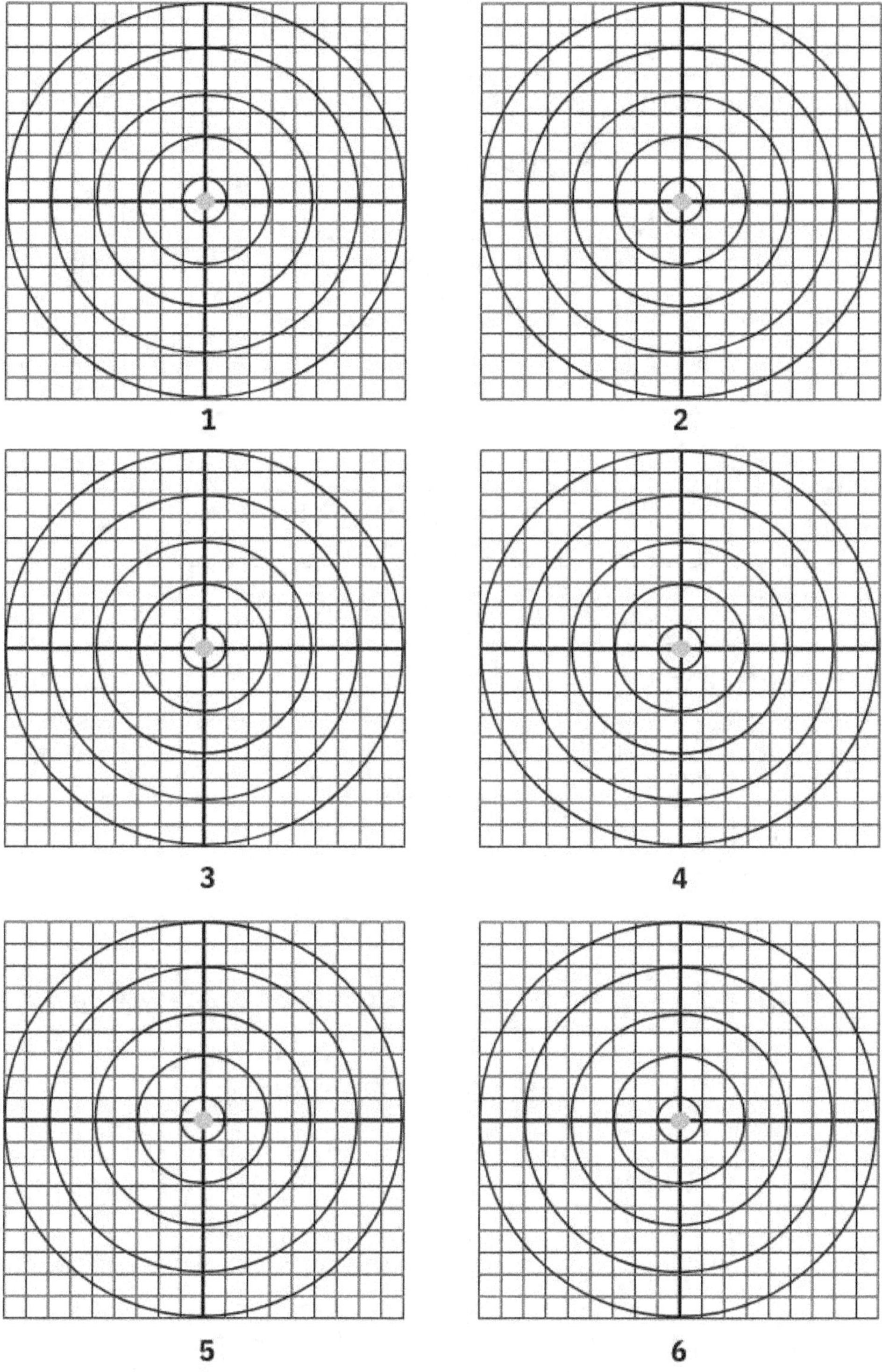

Une idée de cadeau parfaite pour les débutants et les professionnels

Livre de données sur le tir sportif

📅 Date: _________________ 🕐 Temps: _________

📍 Localisation: _______________________________

Conditions météorologiques

☐ ☐ ☐ ☐ ☐ ☐ _______ _______

Armes à feu:	
Balle:	Profondeur d'assise:
Poudre:	Céréales:
L'abécédaire:	
Laiton:	
Distance:	

Résultats globaux

☐ Mauvais ☐ Juste ☐ Bon ☐ Excellent

Notes complémentaires

____

____

☆ ☆ ☆ ☆ ☆

Une idée de cadeau parfaite pour les débutants et les professionnels

Livre de données sur le tir sportif

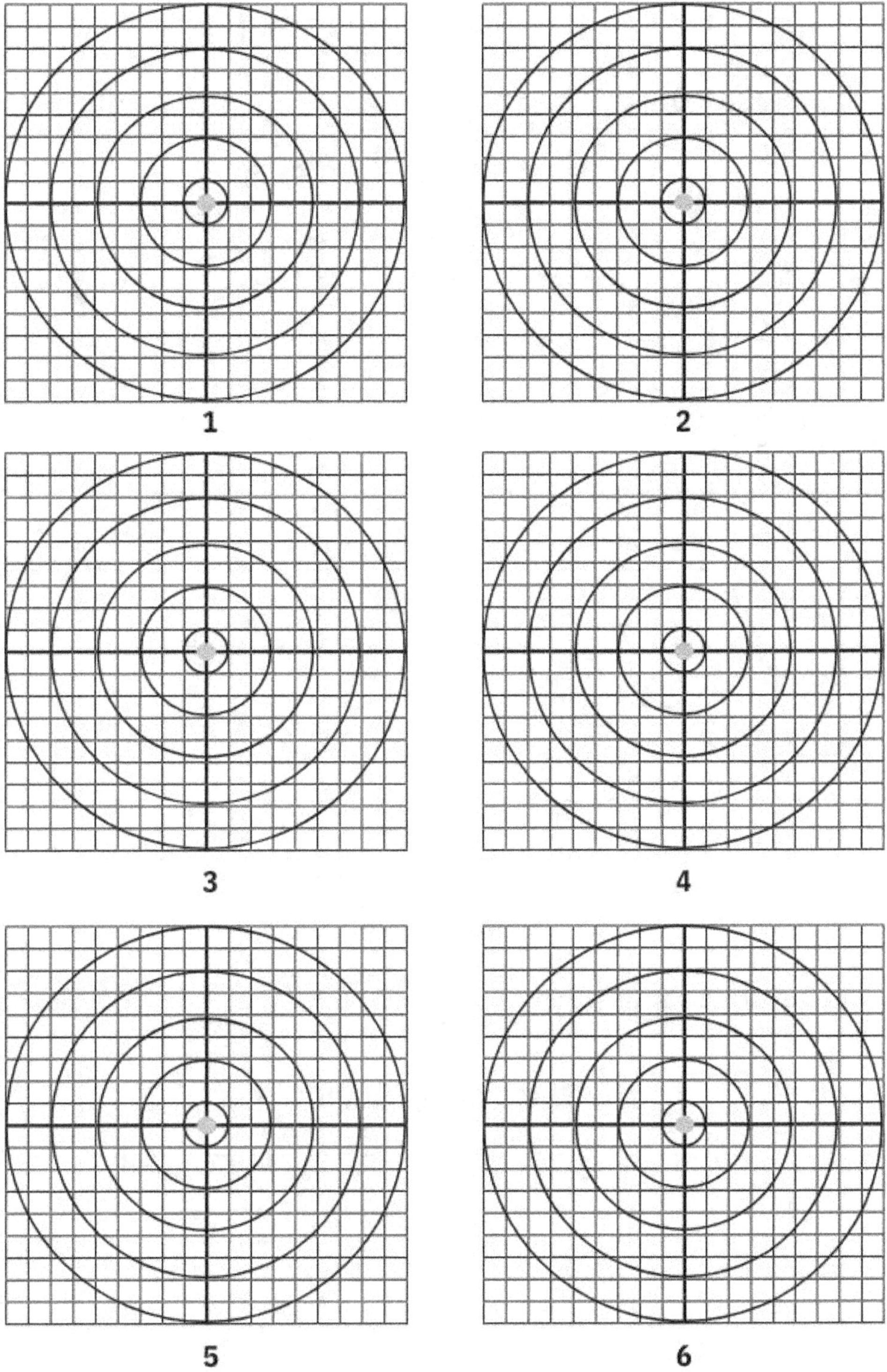

Une idée de cadeau parfaite pour les débutants et les professionnels

Livre de données sur le tir sportif

Date: ______________________   Temps: __________

Localisation: ______________________________________

Conditions météorologiques

☐   ☐   ☐   ☐   ☐   ☐   _______   _______

Armes à feu:	
Balle:	Profondeur d'assise:
Poudre:	Céréales:
L'abécédaire:	
Laiton:	
Distance:	

Résultats globaux

☐ Mauvais   ☐ Juste   ☐ Bon   ☐ Excellent

Notes complémentaires

____

____

____

☆ ☆ ☆ ☆ ☆

Une idée de cadeau parfaite pour les débutants et les professionnels

Livre de données sur le tir sportif

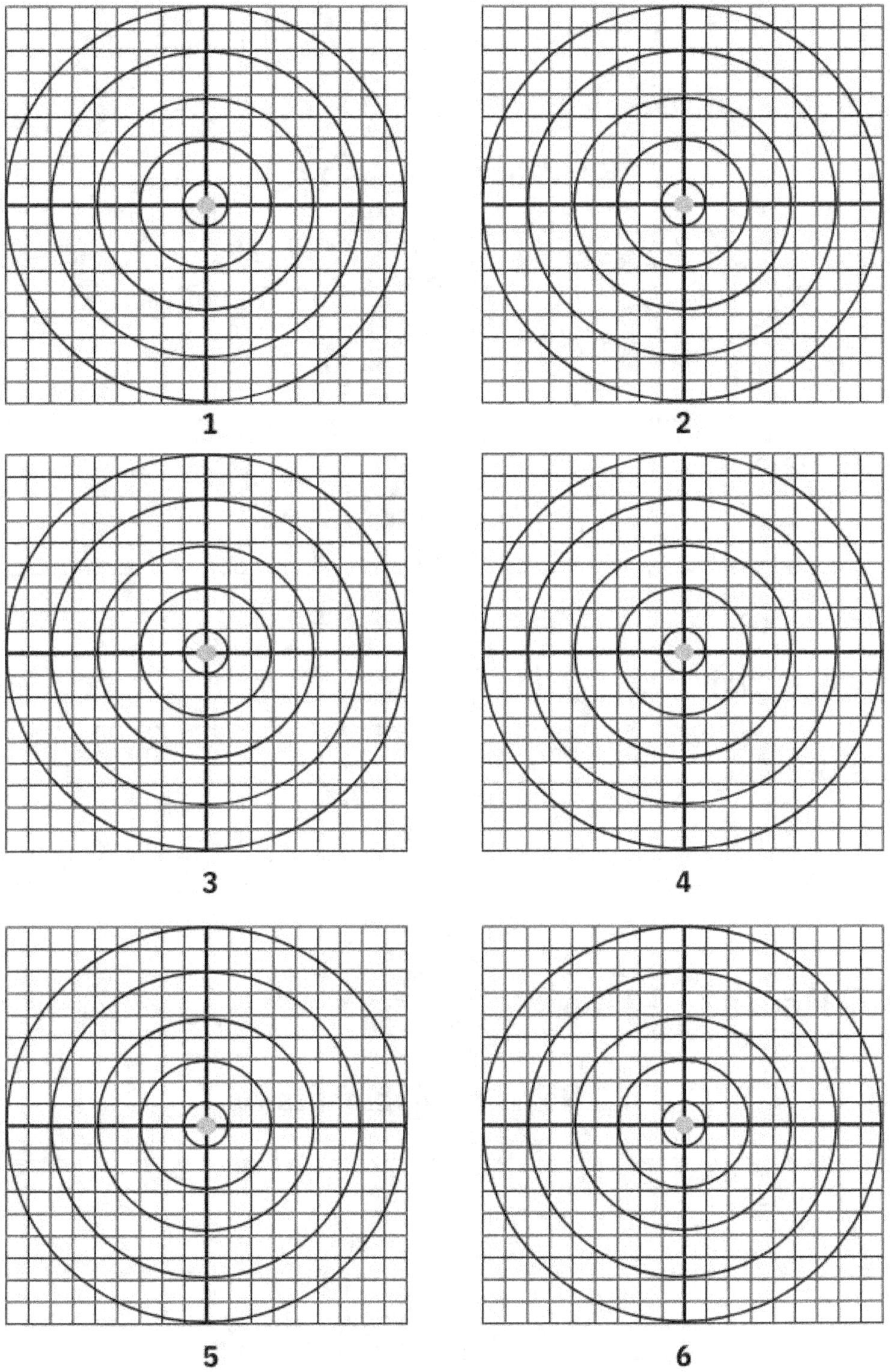

Une idée de cadeau parfaite pour les débutants et les professionnels

Livre de données sur le tir sportif

📅 Date: _________________ 🕐 Temps: _________

📍 Localisation: _________________________________

Conditions météorologiques

☐   ☐   ☐   ☐   ☐   ☐   ____   ____

Armes à feu:	
Balle:	Profondeur d'assise:
Poudre:	Céréales:
L'abécédaire:	
Laiton:	
Distance:	

Résultats globaux

☐ Mauvais ☐ Juste ☐ Bon ☐ Excellent

Notes complémentaires

____

____

____

☆ ☆ ☆ ☆ ☆

Une idée de cadeau parfaite pour les débutants et les professionnels

Livre de données sur le tir sportif

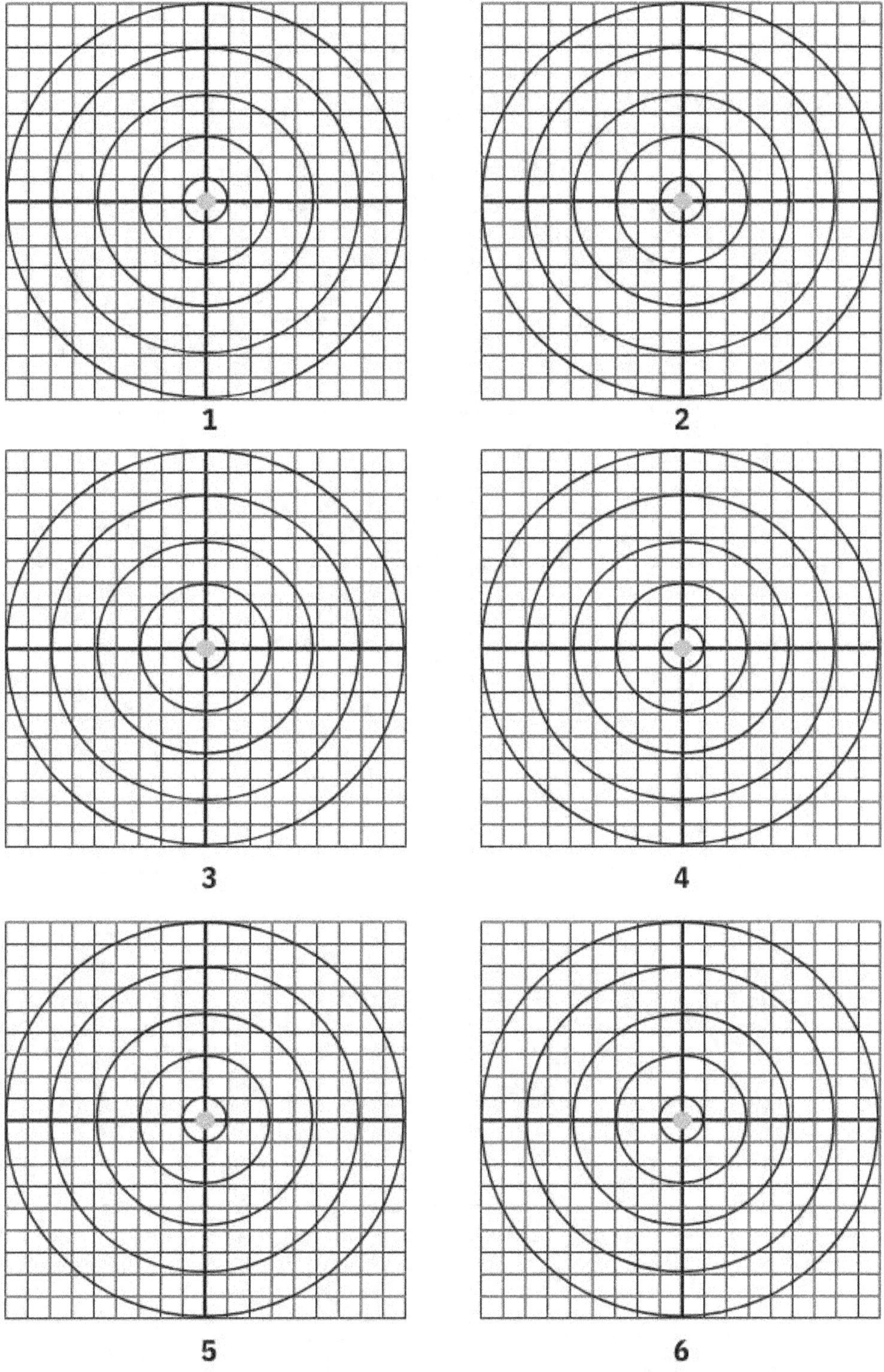

Une idée de cadeau parfaite pour les débutants et les professionnels

Livre de données sur le tir sportif

📅 Date: ________________ 🕐 Temps: ________

📍 Localisation: ________________________

Conditions météorologiques

☀ ☐ ⛅ ☐ 🌤 ☐ 🌧 ☐ 🌦 ☐ 🌨 ☐ 🚩 ____ 🌡 ____

Armes à feu:	
Balle:	Profondeur d'assise:
Poudre:	Céréales:
L'abécédaire:	
Laiton:	
Distance:	

Résultats globaux

☐ Mauvais   ☐ Juste   ☐ Bon   ☐ Excellent

Notes complémentaires

____

____

____

☆ ☆ ☆ ☆ ☆

Une idée de cadeau parfaite pour les débutants et les professionnels

Livre de données sur le tir sportif

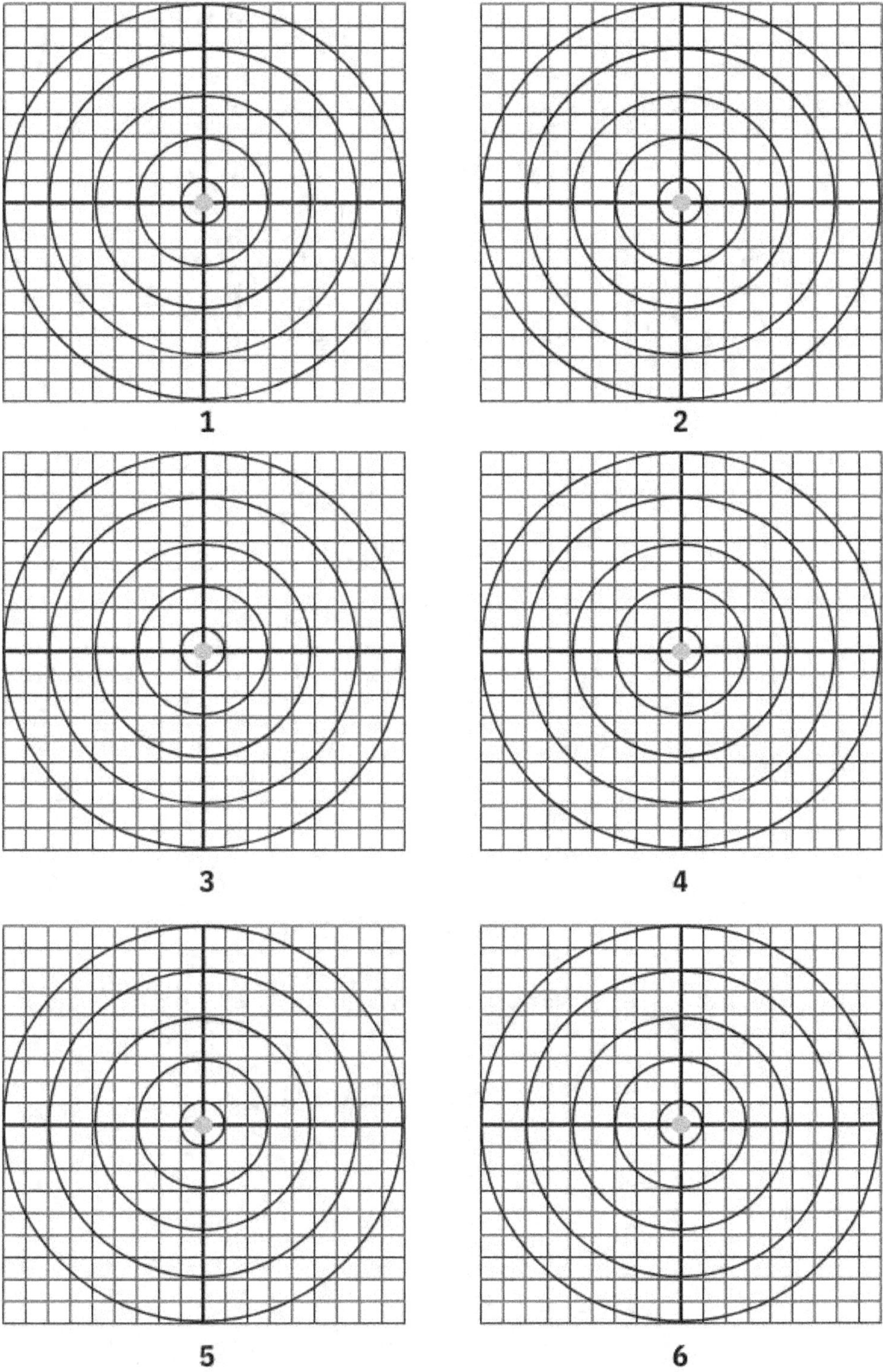

Une idée de cadeau parfaite pour les débutants et les professionnels

Livre de données sur le tir sportif

📅 Date: _____________________   🕐 Temps: _________

📍 Localisation: _________________________________

Conditions météorologiques

☐   ☐   ☐   ☐   ☐   ☐   _______   _______

Armes à feu:	
Balle:	Profondeur d'assise:
Poudre:	Céréales:
L'abécédaire:	
Laiton:	
Distance:	

Résultats globaux

☐ Mauvais   ☐ Juste   ☐ Bon   ☐ Excellent

Notes complémentaires

____

____

____

☆ ☆ ☆ ☆ ☆

Une idée de cadeau parfaite pour les débutants et les professionnels

Livre de données sur le tir sportif

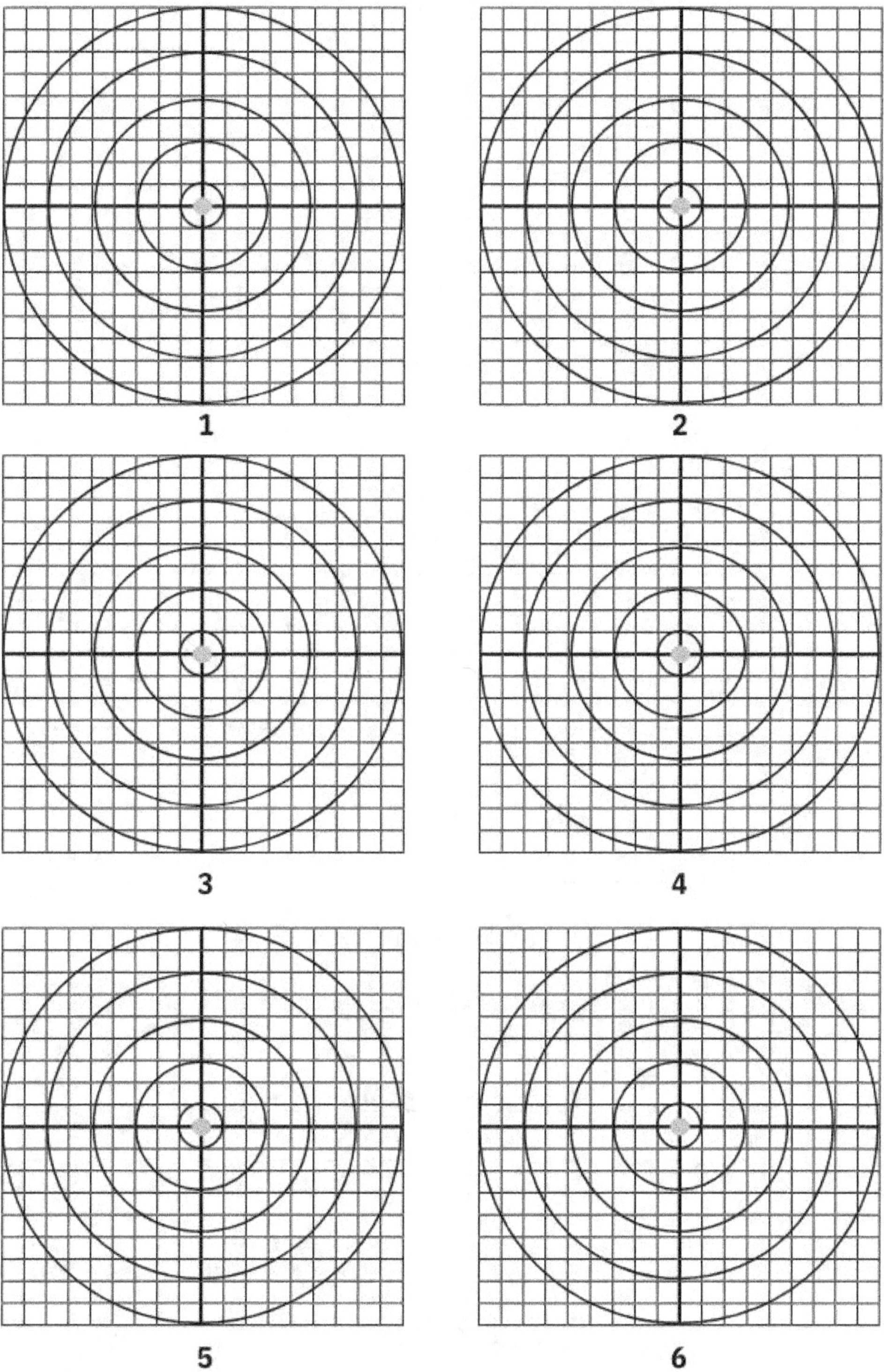

Une idée de cadeau parfaite pour les débutants et les professionnels

Livre de données sur le tir sportif

Date: _________________ Temps: _________

Localisation: _________________________________

Conditions météorologiques

☐   ☐   ☐   ☐   ☐   ☐   _______   _______

Armes à feu:	
Balle:	Profondeur d'assise:
Poudre:	Céréales:
L'abécédaire:	
Laiton:	
Distance:	

Résultats globaux

☐ Mauvais   ☐ Juste   ☐ Bon   ☐ Excellent

Notes complémentaires

____

____

____

☆ ☆ ☆ ☆ ☆

Une idée de cadeau parfaite pour les débutants et les professionnels

Livre de données sur le tir sportif

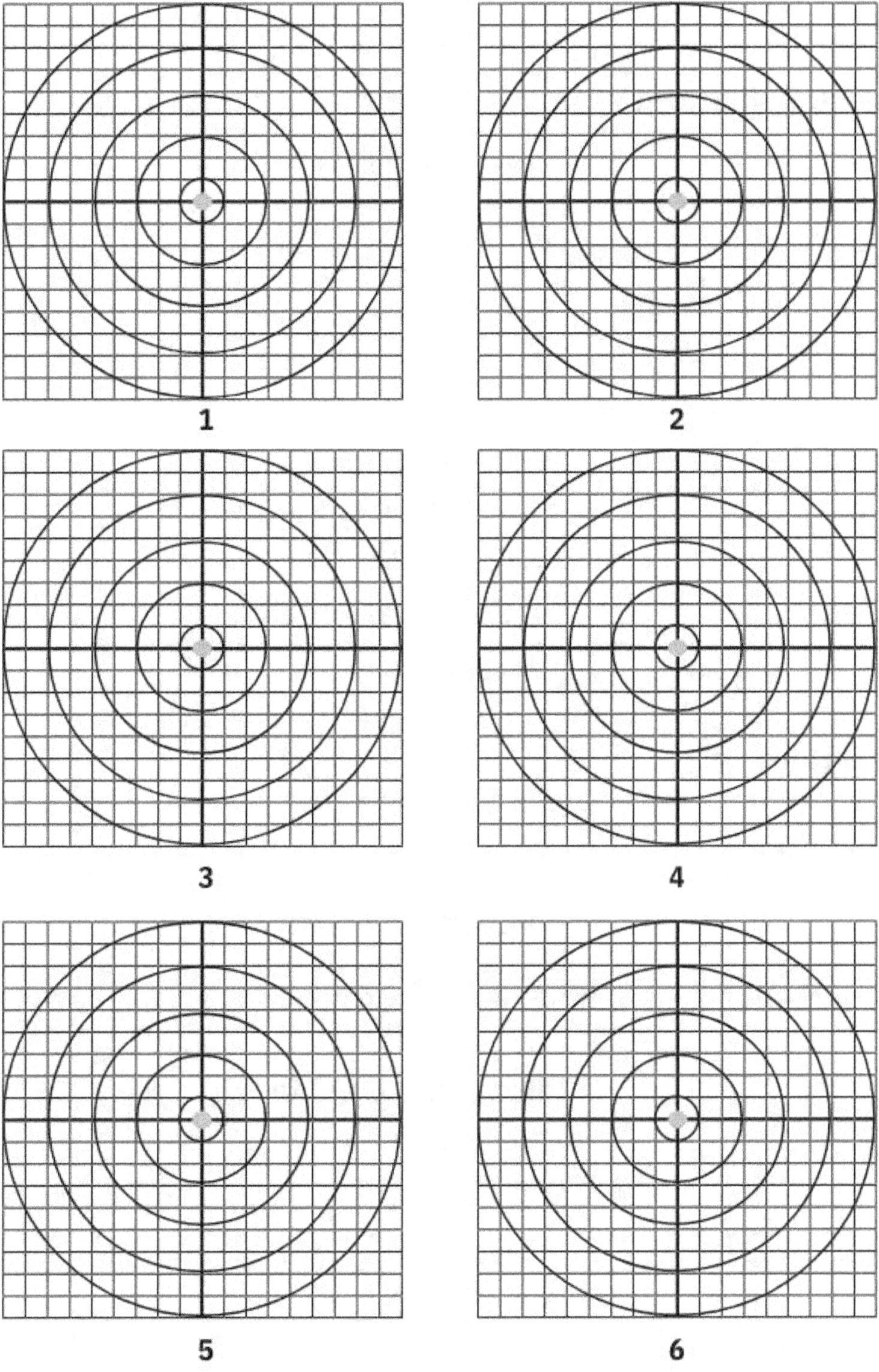

Une idée de cadeau parfaite pour les débutants et les professionnels

Livre de données sur le tir sportif

📅 Date: _______________________ 🕐 Temps: _________

📍 Localisation: _______________________

Conditions météorologiques

☐ ☐ ☐ ☐ ☐ ☐ _______ _______

Armes à feu:	
Balle:	Profondeur d'assise:
Poudre:	Céréales:
L'abécédaire:	
Laiton:	
Distance:	

Résultats globaux

☐ Mauvais ☐ Juste ☐ Bon ☐ Excellent

Notes complémentaires

____

____

____

☆ ☆ ☆ ☆ ☆

Une idée de cadeau parfaite pour les débutants et les professionnels

Livre de données sur le tir sportif

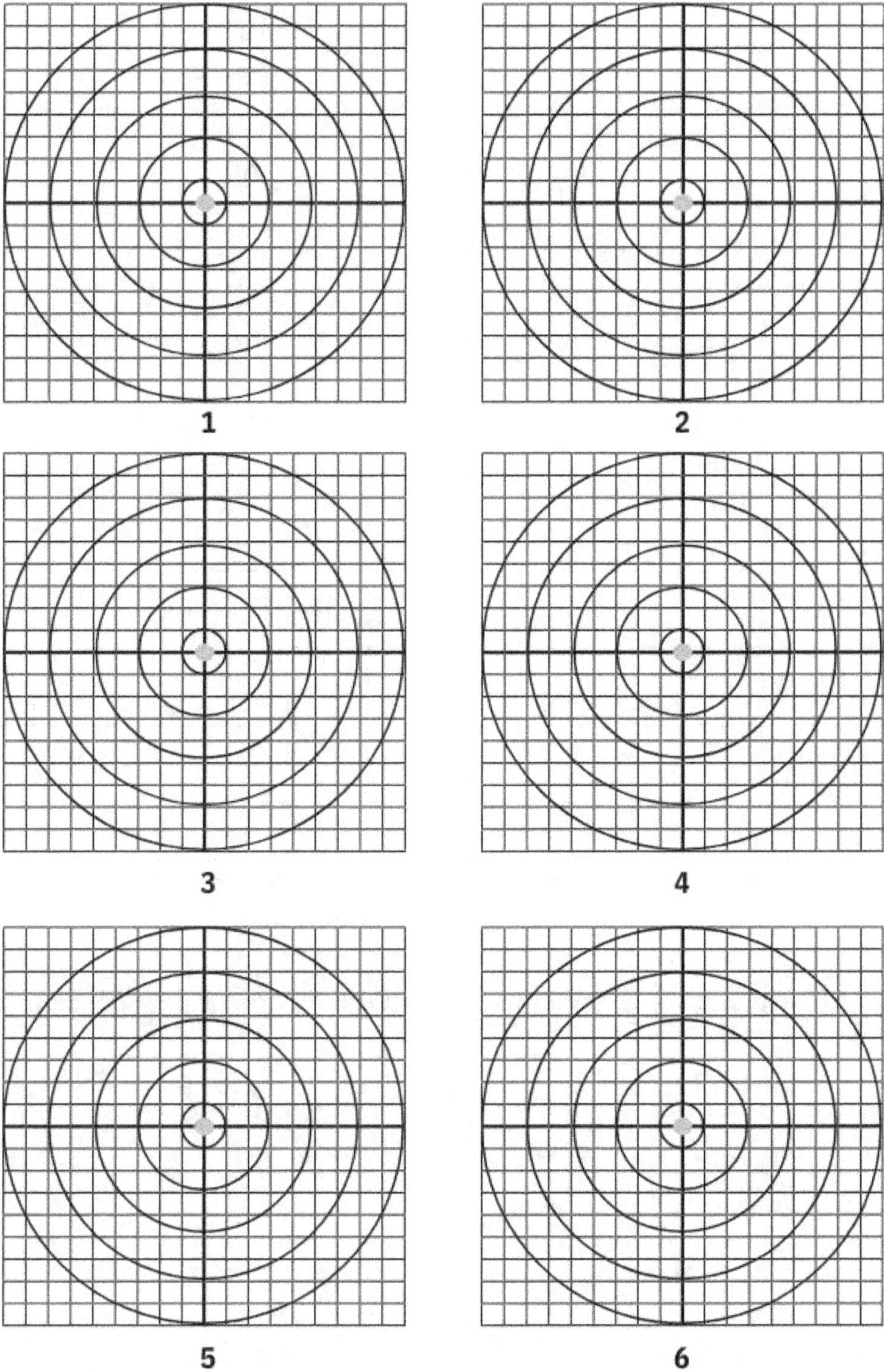

Une idée de cadeau parfaite pour les débutants et les professionnels

Livre de données sur le tir sportif

Date: _________________________ Temps: _________

Localisation: _______________________________

Conditions météorologiques

☐ ☐ ☐ ☐ ☐ ☐ _______ _______

Armes à feu:	
Balle:	Profondeur d'assise:
Poudre:	Céréales:
L'abécédaire:	
Laiton:	
Distance:	

Résultats globaux

☐ Mauvais ☐ Juste ☐ Bon ☐ Excellent

Notes complémentaires

____

____

____

☆ ☆ ☆ ☆ ☆

Une idée de cadeau parfaite pour les débutants et les professionnels

Livre de données sur le tir sportif

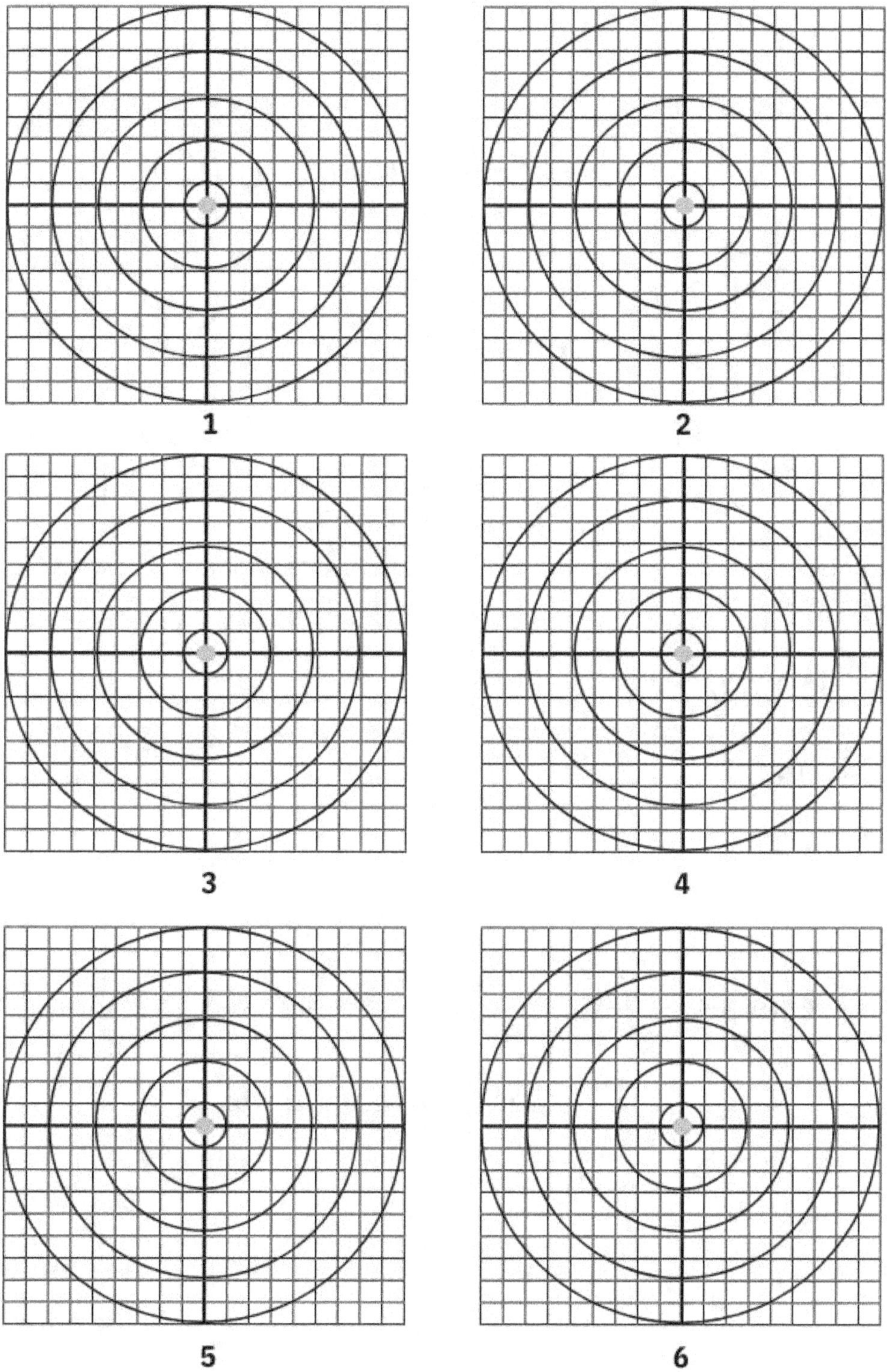

Une idée de cadeau parfaite pour les débutants et les professionnels

Livre de données sur le tir sportif

📅 Date: _________________________ 🕐 Temps: _________

📍 Localisation: _______________________________

Conditions météorologiques

☀ ☐   ⛅ ☐   🌥 ☐   🌦 ☐   🌧 ☐   🌨 ☐   🚩 _______   🌡 _______

Armes à feu:	
Balle:	Profondeur d'assise:
Poudre:	Céréales:
L'abécédaire:	
Laiton:	
Distance:	

Résultats globaux

☐ Mauvais   ☐ Juste   ☐ Bon   ☐ Excellent

Notes complémentaires

____

____

____

☆ ☆ ☆ ☆ ☆

Une idée de cadeau parfaite pour les débutants et les professionnels

Livre de données sur le tir sportif

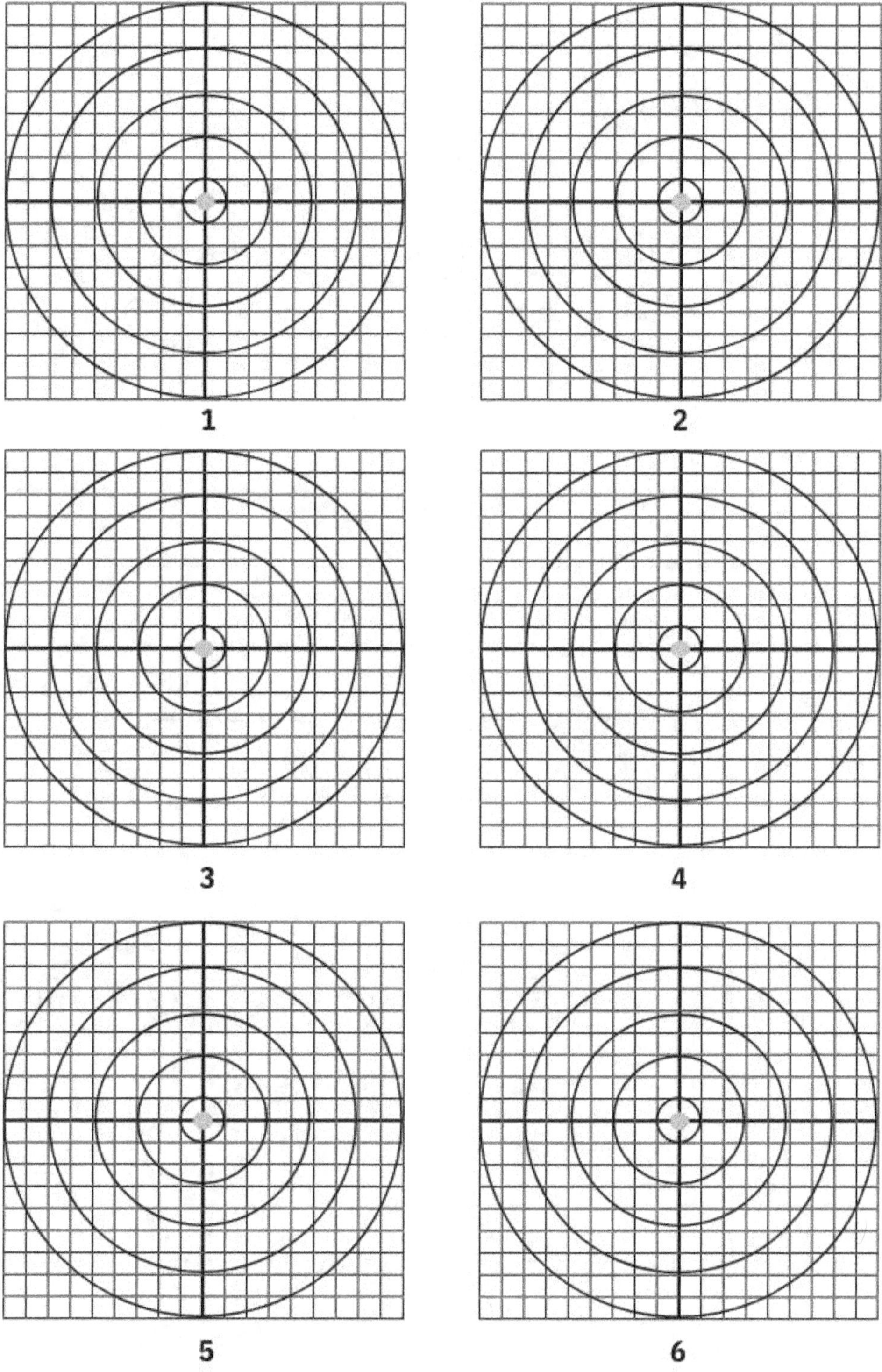

Une idée de cadeau parfaite pour les débutants et les professionnels

Livre de données sur le tir sportif

📅 Date: _______________________ 🕐 Temps: _________

📍 Localisation: _____________________________________

Conditions météorologiques

☀ ☐   ⛅ ☐   🌤 ☐   🌦 ☐   🌧 ☐   🌨 ☐   🚩 _______   🌡 _______

Armes à feu:	
Balle:	Profondeur d'assise:
Poudre:	Céréales:
L'abécédaire:	
Laiton:	
Distance:	

Résultats globaux

☐ Mauvais   ☐ Juste   ☐ Bon   ☐ Excellent

Notes complémentaires

____

____

____

☆ ☆ ☆ ☆ ☆

Une idée de cadeau parfaite pour les débutants et les professionnels

Livre de données sur le tir sportif

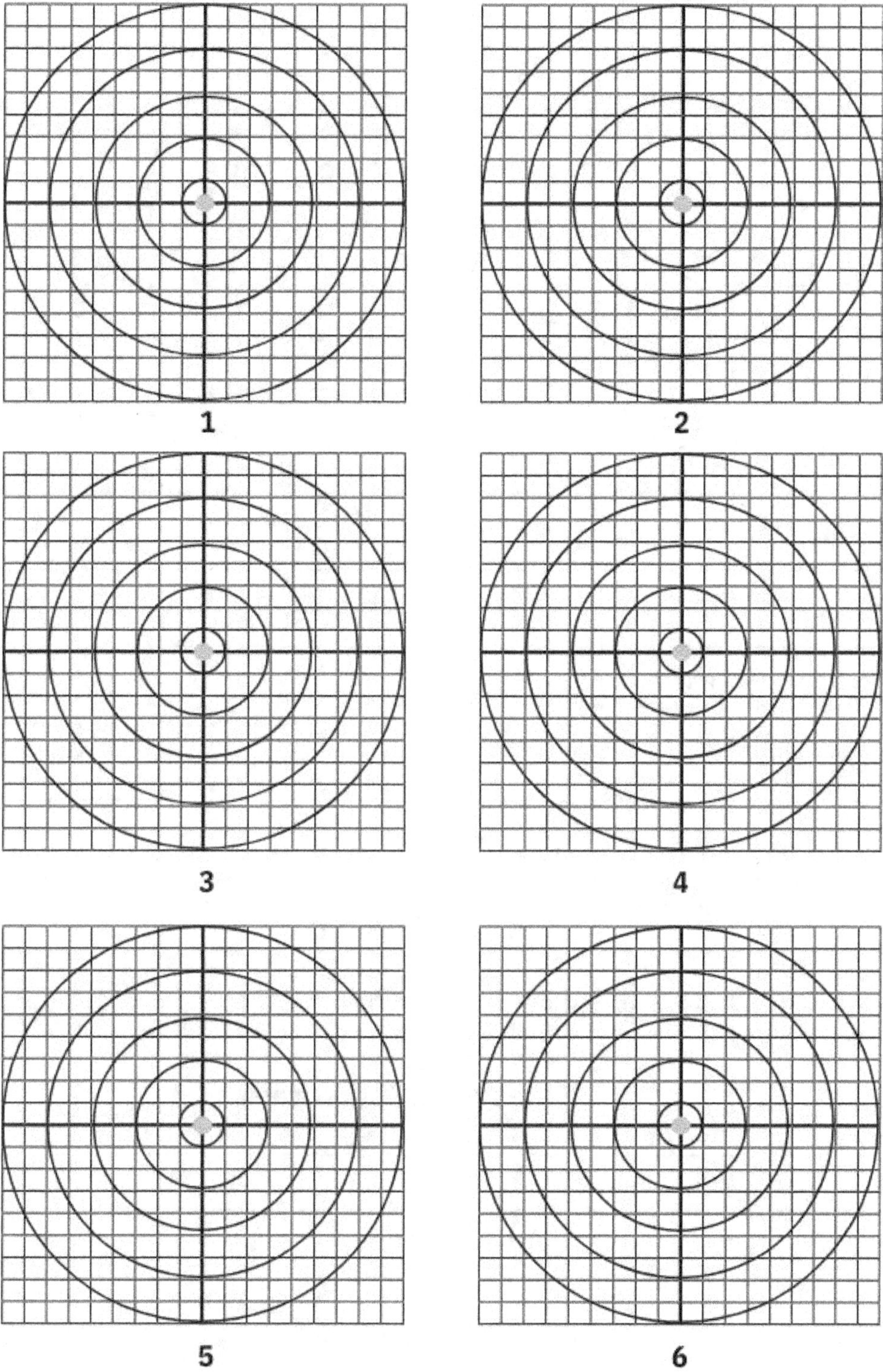

Une idée de cadeau parfaite pour les débutants et les professionnels

Livre de données sur le tir sportif

Date: _________________________   Temps: _________

Localisation: _________________________________

Conditions météorologiques

☐   ☐   ☐   ☐   ☐   ☐   _______   _______

Armes à feu:	
Balle:	Profondeur d'assise:
Poudre:	Céréales:
L'abécédaire:	
Laiton:	
Distance:	

Résultats globaux

☐ Mauvais   ☐ Juste   ☐ Bon   ☐ Excellent

Notes complémentaires

____

____

☆ ☆ ☆ ☆ ☆

Une idée de cadeau parfaite pour les débutants et les professionnels

Livre de données sur le tir sportif

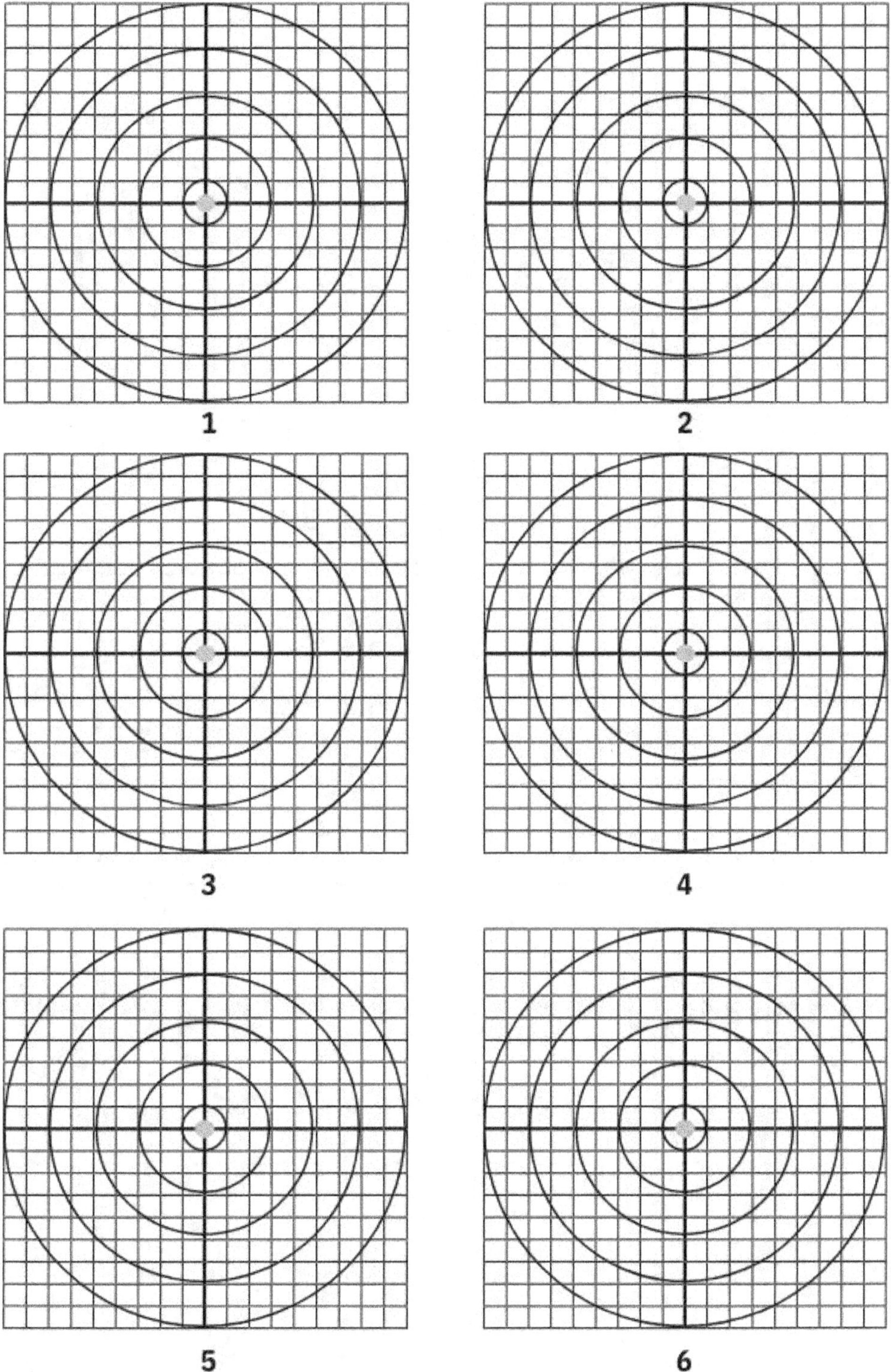

Une idée de cadeau parfaite pour les débutants et les professionnels

Livre de données sur le tir sportif

Date: _________________ Temps: _________

Localisation: _________________________

Conditions météorologiques

☐   ☐   ☐   ☐   ☐   ☐   _______   _______

Armes à feu:	
Balle:	Profondeur d'assise:
Poudre:	Céréales:
L'abécédaire:	
Laiton:	
Distance:	

Résultats globaux

☐ Mauvais   ☐ Juste   ☐ Bon   ☐ Excellent

Notes complémentaires

____

____

☆ ☆ ☆ ☆ ☆

Une idée de cadeau parfaite pour les débutants et les professionnels

Livre de données sur le tir sportif

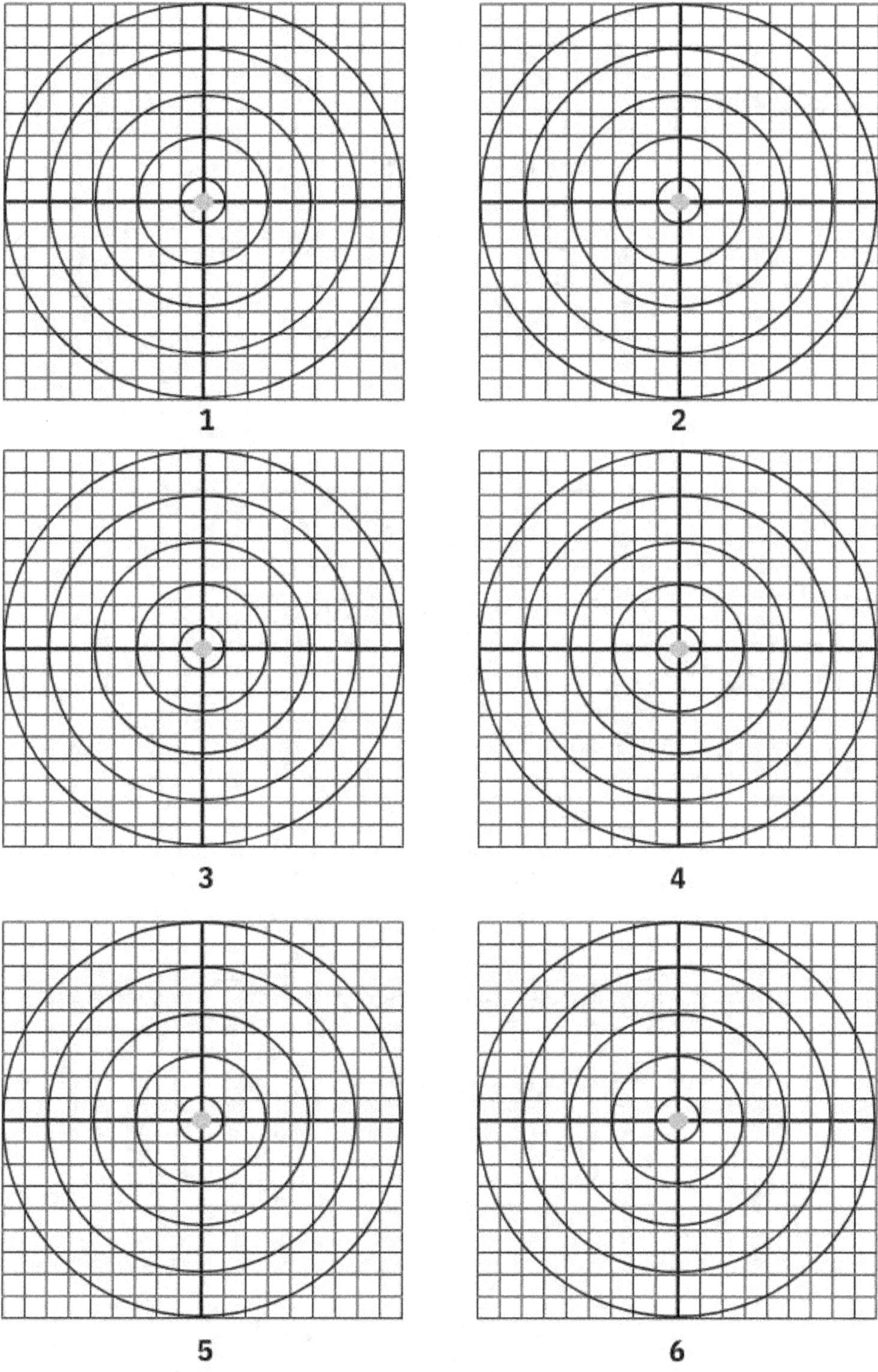

Une idée de cadeau parfaite pour les débutants et les professionnels

Livre de données sur le tir sportif

📅 Date: _________________ 🕐 Temps: _________

📍 Localisation: _________________________________

Conditions météorologiques

☀ ☐   ⛅ ☐   🌥 ☐   🌦 ☐   🌧 ☐   🌨 ☐   🚩 ______   🌡 ______

Armes à feu:	
Balle:	Profondeur d'assise:
Poudre:	Céréales:
L'abécédaire:	
Laiton:	
Distance:	

Résultats globaux

☐ Mauvais ☐ Juste ☐ Bon ☐ Excellent

Notes complémentaires

____

____

____

☆ ☆ ☆ ☆ ☆

Une idée de cadeau parfaite pour les débutants et les professionnels

Livre de données sur le tir sportif

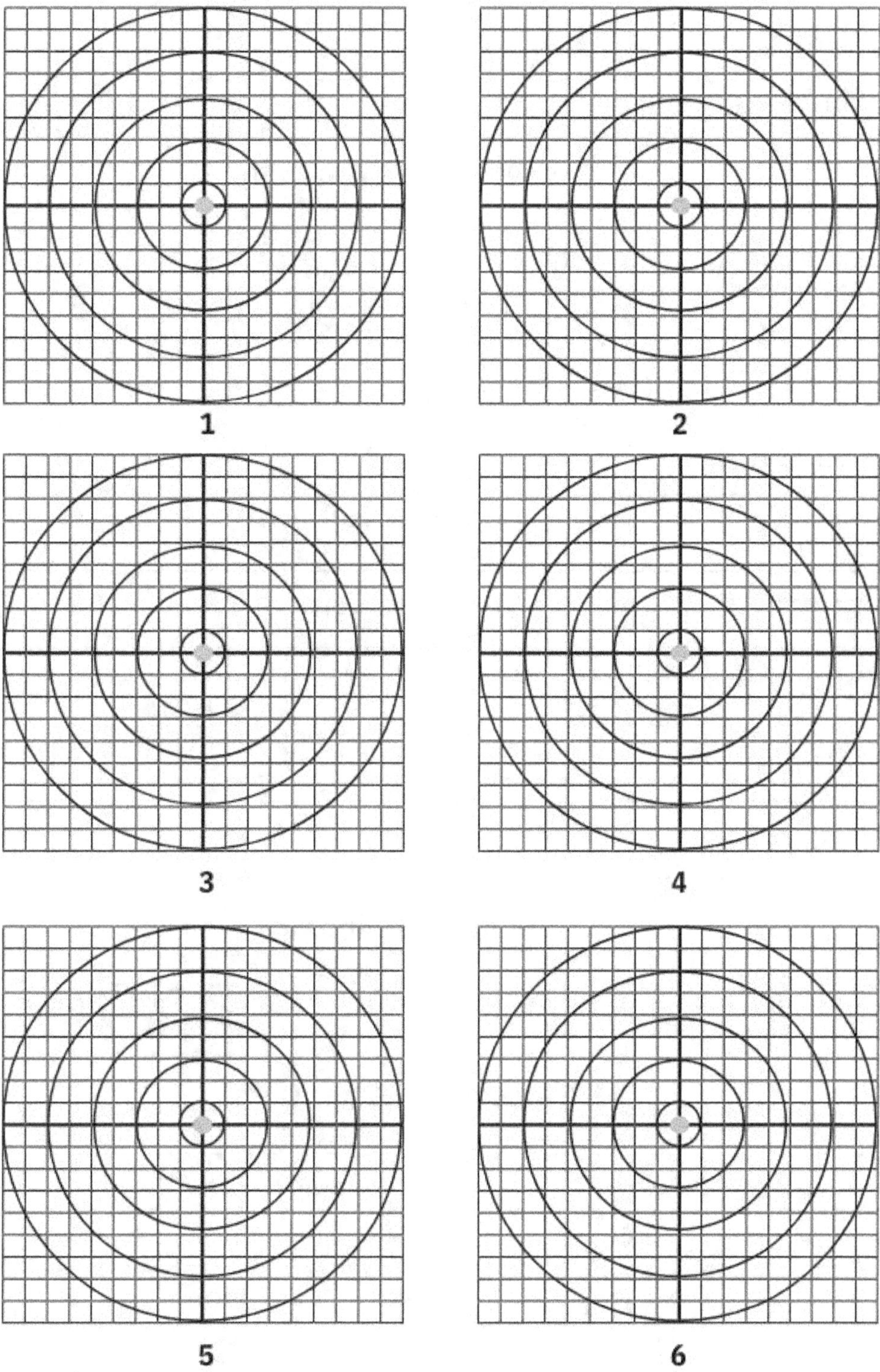

Une idée de cadeau parfaite pour les débutants et les professionnels

Livre de données sur le tir sportif

📅 Date: _________________________   🕐 Temps: __________

📍 Localisation: _______________________________________

Conditions météorologiques

☐   ☐   ☐   ☐   ☐   ☐   ________   ________

Armes à feu:	
Balle:	Profondeur d'assise:
Poudre:	Céréales:
L'abécédaire:	
Laiton:	
Distance:	

Résultats globaux

☐ Mauvais   ☐ Juste   ☐ Bon   ☐ Excellent

Notes complémentaires

____

____

____

☆ ☆ ☆ ☆ ☆

Une idée de cadeau parfaite pour les débutants et les professionnels

Livre de données sur le tir sportif

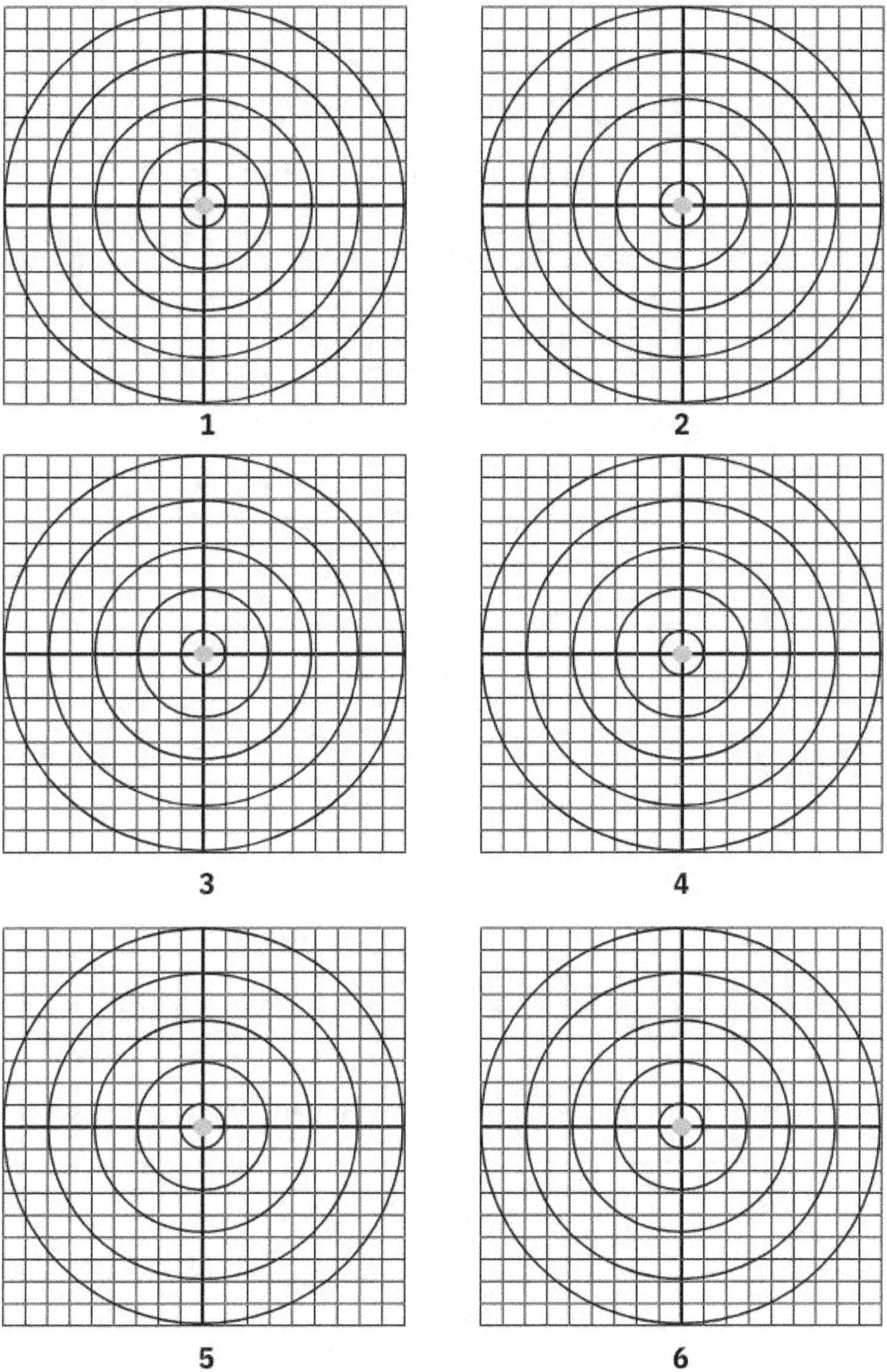

Une idée de cadeau parfaite pour les débutants et les professionnels

Livre de données sur le tir sportif

Date: _________________   Temps: _________

Localisation: _________________________________

Conditions météorologiques

☐ ☐ ☐ ☐ ☐ ☐ _______ _______

Armes à feu:	
Balle:	Profondeur d'assise:
Poudre:	Céréales:
L'abécédaire:	
Laiton:	
Distance:	

Résultats globaux

☐ Mauvais   ☐ Juste   ☐ Bon   ☐ Excellent

Notes complémentaires

____

____

☆ ☆ ☆ ☆ ☆

Une idée de cadeau parfaite pour les débutants et les professionnels

Livre de données sur le tir sportif

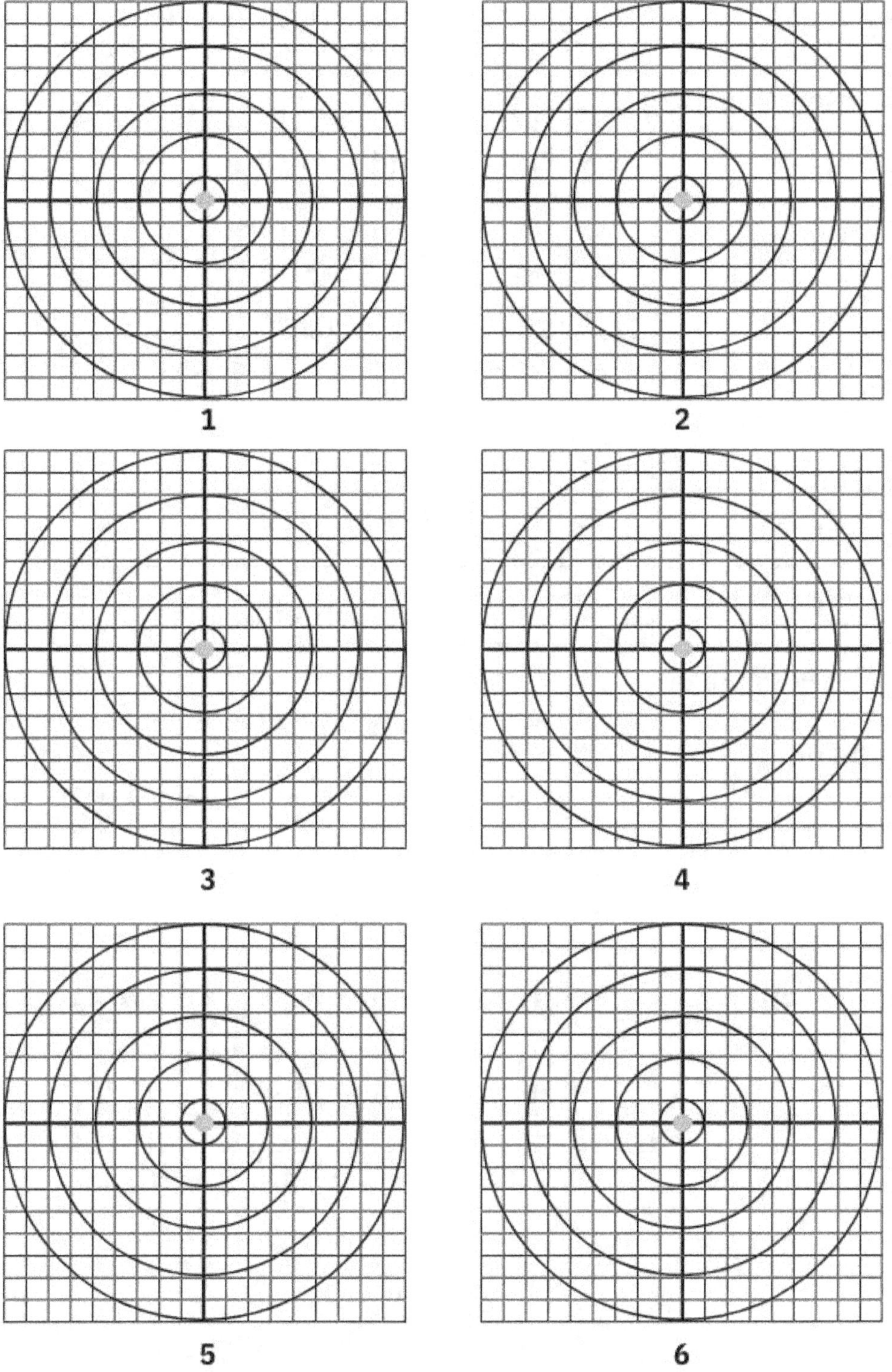

Une idée de cadeau parfaite pour les débutants et les professionnels

Livre de données sur le tir sportif

Date: _________________________ Temps: _________

Localisation: ______________________________________

Conditions météorologiques

☐   ☐   ☐   ☐   ☐   ☐

Armes à feu:	
Balle:	Profondeur d'assise:
Poudre:	Céréales:
L'abécédaire:	
Laiton:	
Distance:	

Résultats globaux

☐ Mauvais   ☐ Juste   ☐ Bon   ☐ Excellent

Notes complémentaires

____

____

____

☆ ☆ ☆ ☆ ☆

Une idée de cadeau parfaite pour les débutants et les professionnels

Livre de données sur le tir sportif

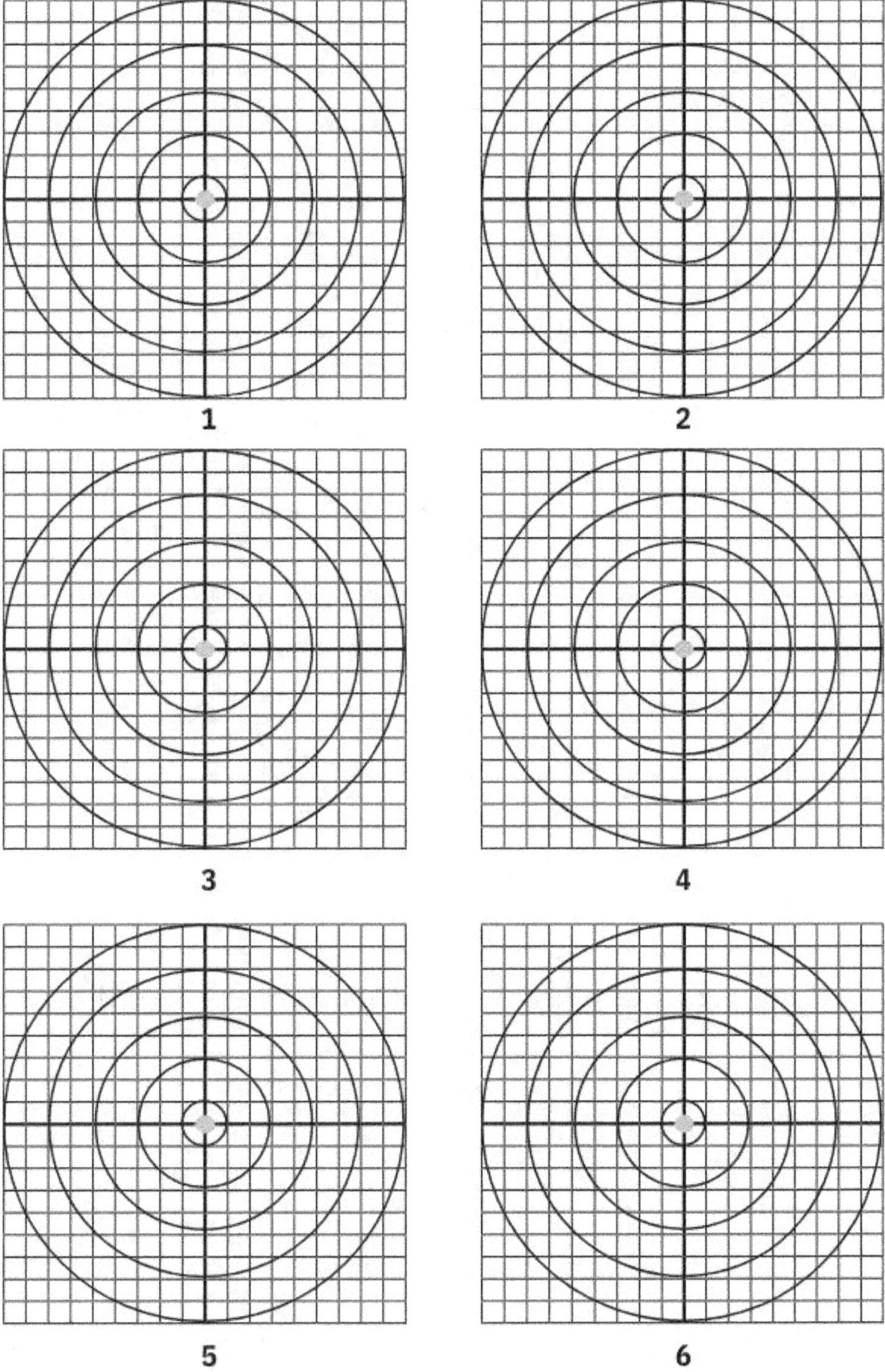

Une idée de cadeau parfaite pour les débutants et les professionnels

Livre de données sur le tir sportif

📅 Date: _________________ 🕐 Temps: _________

📍 Localisation: _________________________________

Conditions météorologiques

Armes à feu:	
Balle:	Profondeur d'assise:
Poudre:	Céréales:
L'abécédaire:	
Laiton:	
Distance:	

Résultats globaux

☐ Mauvais ☐ Juste ☐ Bon ☐ Excellent

Notes complémentaires

____

____

____

☆ ☆ ☆ ☆ ☆

Une idée de cadeau parfaite pour les débutants et les professionnels

Livre de données sur le tir sportif

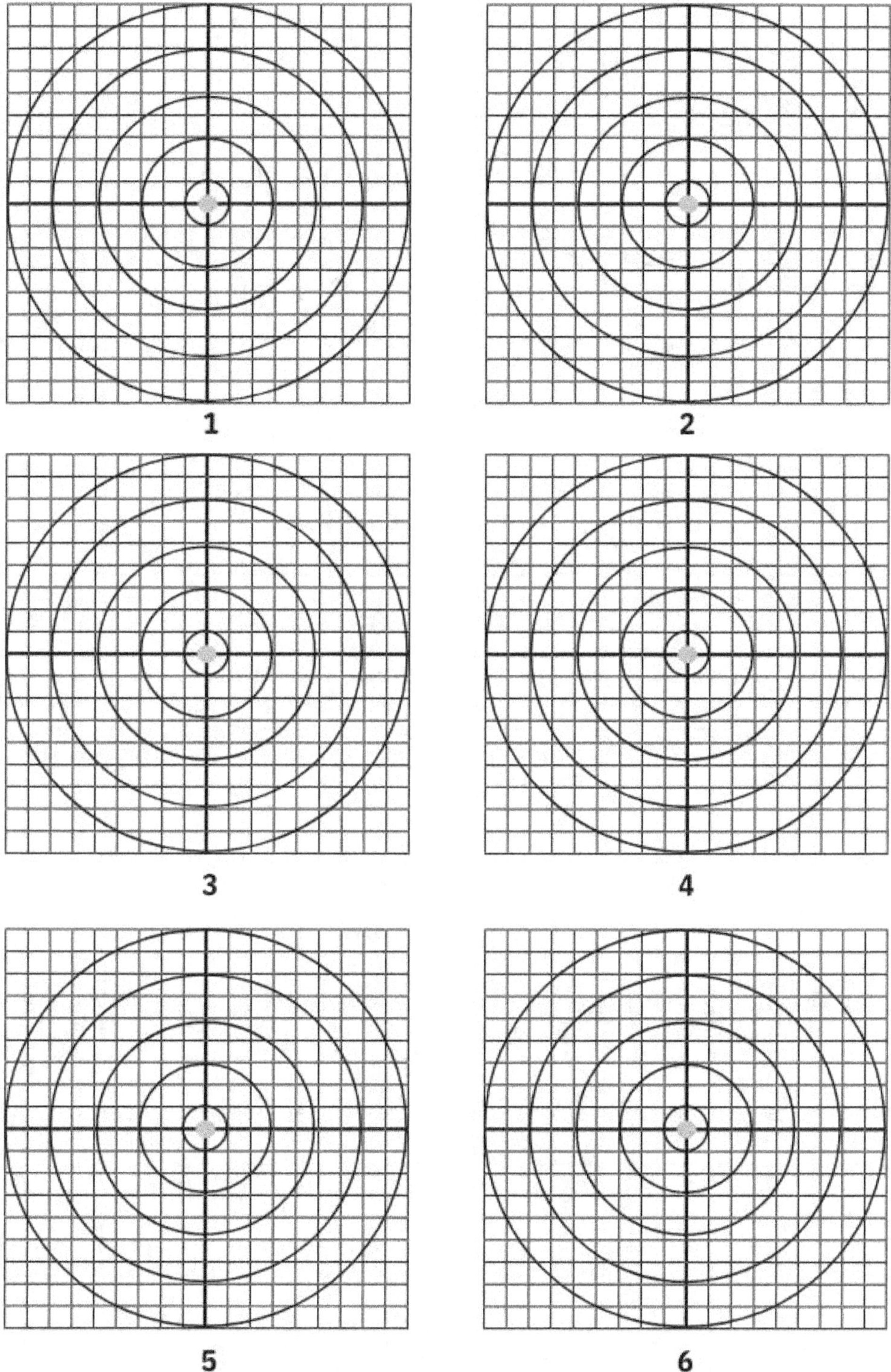

Une idée de cadeau parfaite pour les débutants et les professionnels

Livre de données sur le tir sportif

📅 Date: _____________________ 🕐 Temps: __________

📍 Localisation: _______________________________

Conditions météorologiques

☐　☐　☐　☐　☐　☐　____　____

Armes à feu:	
Balle:	Profondeur d'assise:
Poudre:	Céréales:
L'abécédaire:	
Laiton:	
Distance:	

Résultats globaux

☐ Mauvais　☐ Juste　☐ Bon　☐ Excellent

Notes complémentaires

____

____

☆ ☆ ☆ ☆ ☆

Une idée de cadeau parfaite pour les débutants et les professionnels

Livre de données sur le tir sportif

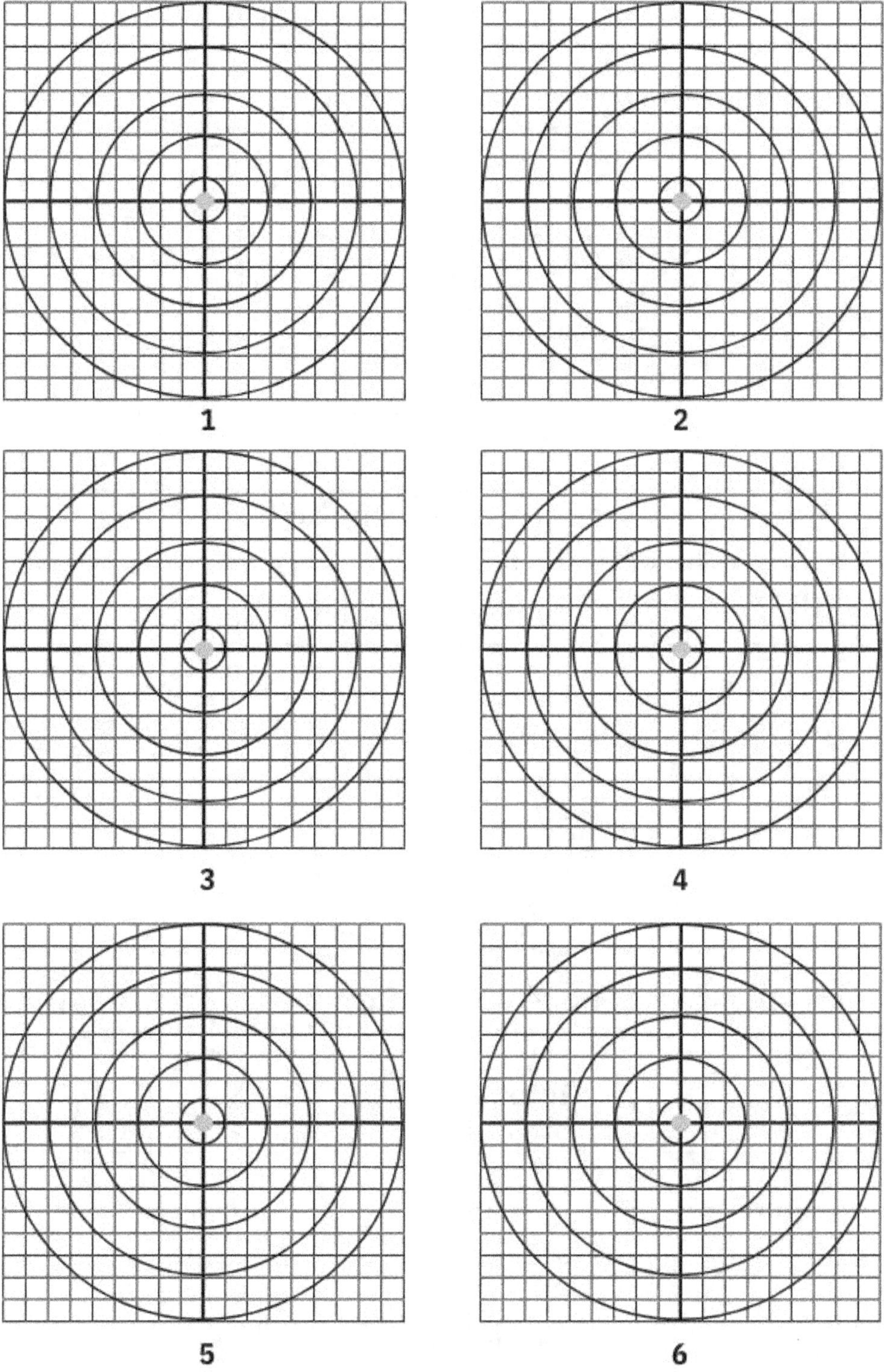

Une idée de cadeau parfaite pour les débutants et les professionnels

Livre de données sur le tir sportif

Date: ______________________   Temps: __________

Localisation: ____________________________________

Conditions météorologiques

☐   ☐   ☐   ☐   ☐   ☐   ______   ______

Armes à feu:	
Balle:	Profondeur d'assise:
Poudre:	Céréales:
L'abécédaire:	
Laiton:	
Distance:	

Résultats globaux

☐ Mauvais   ☐ Juste   ☐ Bon   ☐ Excellent

Notes complémentaires

____

____

____

☆ ☆ ☆ ☆ ☆

Une idée de cadeau parfaite pour les débutants et les professionnels

Livre de données sur le tir sportif

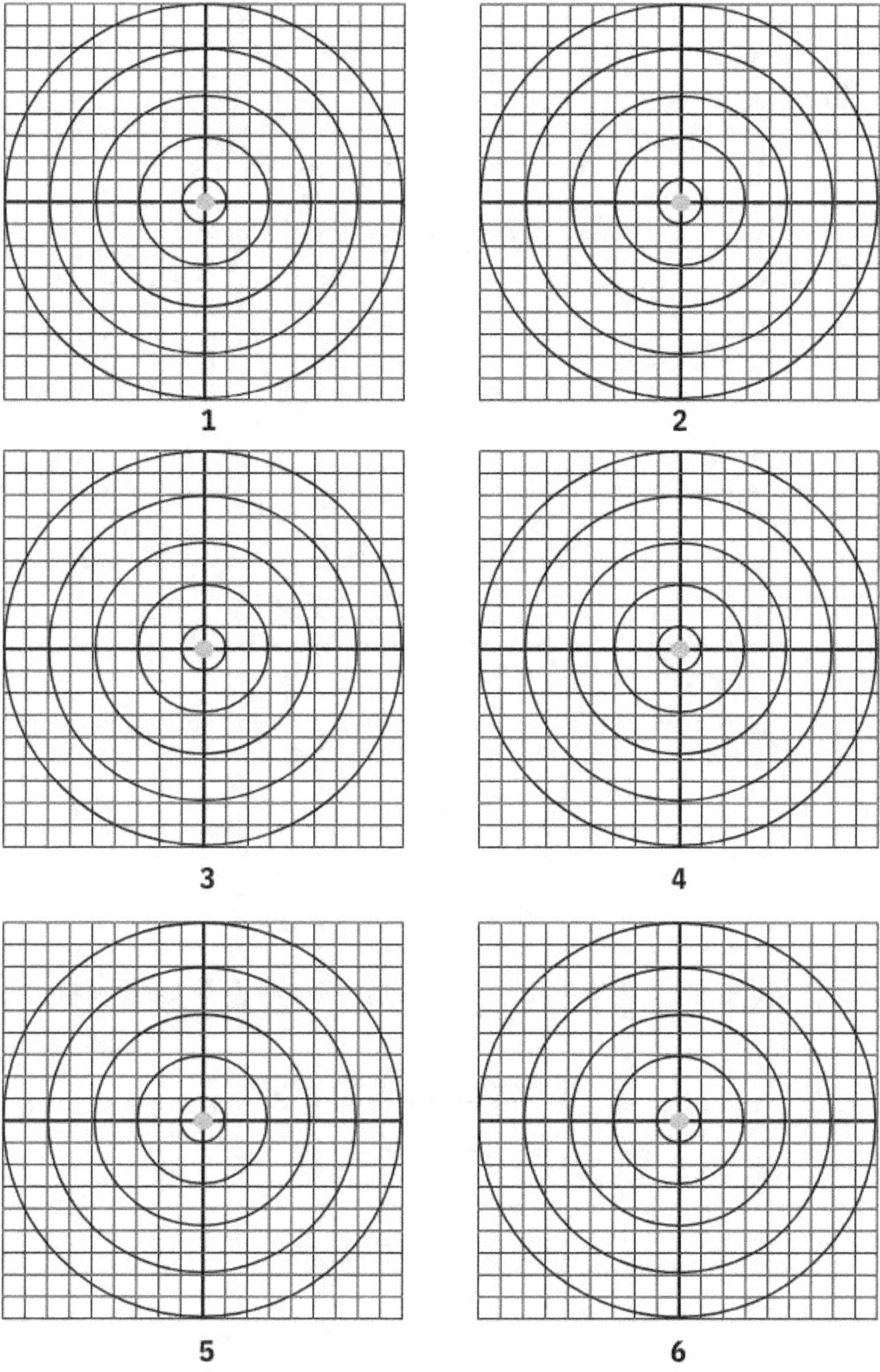

Une idée de cadeau parfaite pour les débutants et les professionnels

Livre de données sur le tir sportif

Date: _________________________   Temps: _________

Localisation: _______________________________

Conditions météorologiques

☐   ☐   ☐   ☐   ☐   ☐   ___   ___

Armes à feu:	
Balle:	Profondeur d'assise:
Poudre:	Céréales:
L'abécédaire:	
Laiton:	
Distance:	

Résultats globaux

☐ Mauvais   ☐ Juste   ☐ Bon   ☐ Excellent

Notes complémentaires

____

____

☆ ☆ ☆ ☆ ☆

Une idée de cadeau parfaite pour les débutants et les professionnels

Livre de données sur le tir sportif

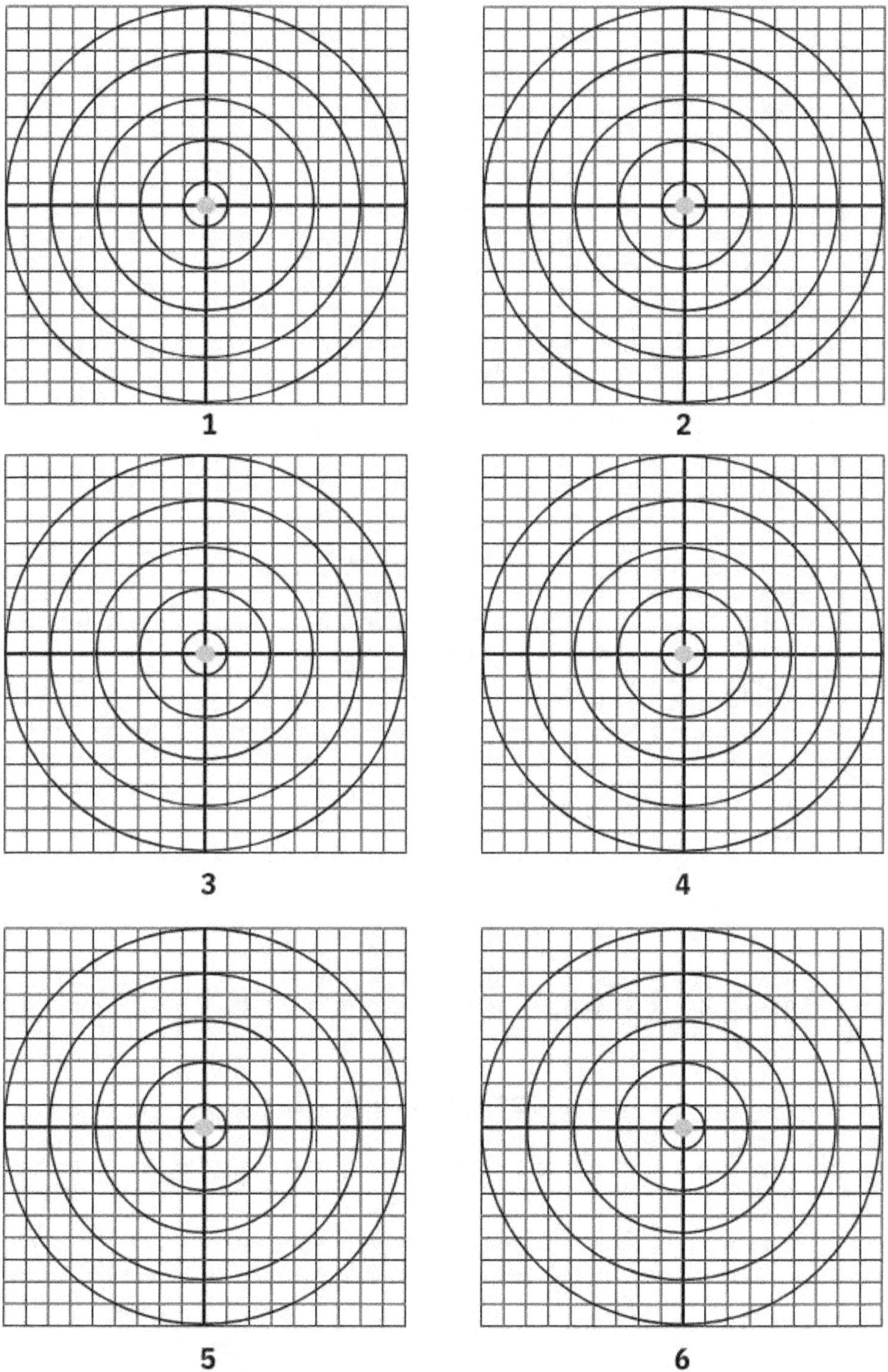

Une idée de cadeau parfaite pour les débutants et les professionnels

Livre de données sur le tir sportif

📅 Date: _____________________   🕐 Temps: _________

📍 Localisation: _____________________________

Conditions météorologiques

☐   ☐   ☐   ☐   ☐   ☐   _______   _______

Armes à feu:	
Balle:	Profondeur d'assise:
Poudre:	Céréales:
L'abécédaire:	
Laiton:	
Distance:	

Résultats globaux

☐ Mauvais   ☐ Juste   ☐ Bon   ☐ Excellent

Notes complémentaires

____

____

____

☆ ☆ ☆ ☆ ☆

Une idée de cadeau parfaite pour les débutants et les professionnels

Livre de données sur le tir sportif

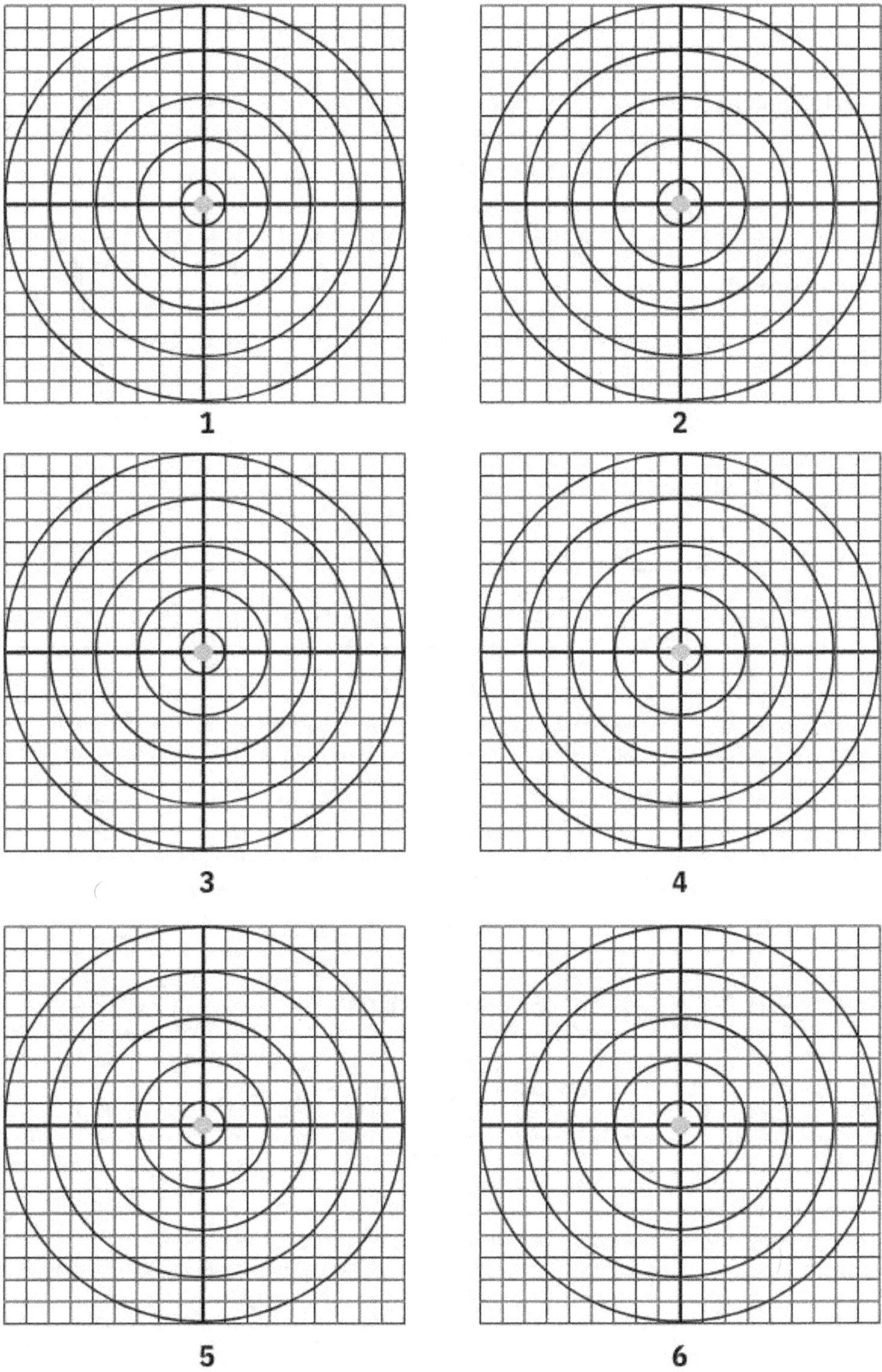

Une idée de cadeau parfaite pour les débutants et les professionnels

Livre de données sur le tir sportif

📅 Date: _____________________   🕐 Temps: _________

📍 Localisation: _________________________________

Conditions météorologiques

☀ ☐   ⛅ ☐   🌤 ☐   🌧 ☐   🌦 ☐   🌨 ☐   🚩 _____   🌡 _____

Armes à feu:	
Balle:	Profondeur d'assise:
Poudre:	Céréales:
L'abécédaire:	
Laiton:	
Distance:	

Résultats globaux

☐ Mauvais   ☐ Juste   ☐ Bon   ☐ Excellent

Notes complémentaires

____

____

____

☆ ☆ ☆ ☆ ☆

Une idée de cadeau parfaite pour les débutants et les professionnels

Livre de données sur le tir sportif

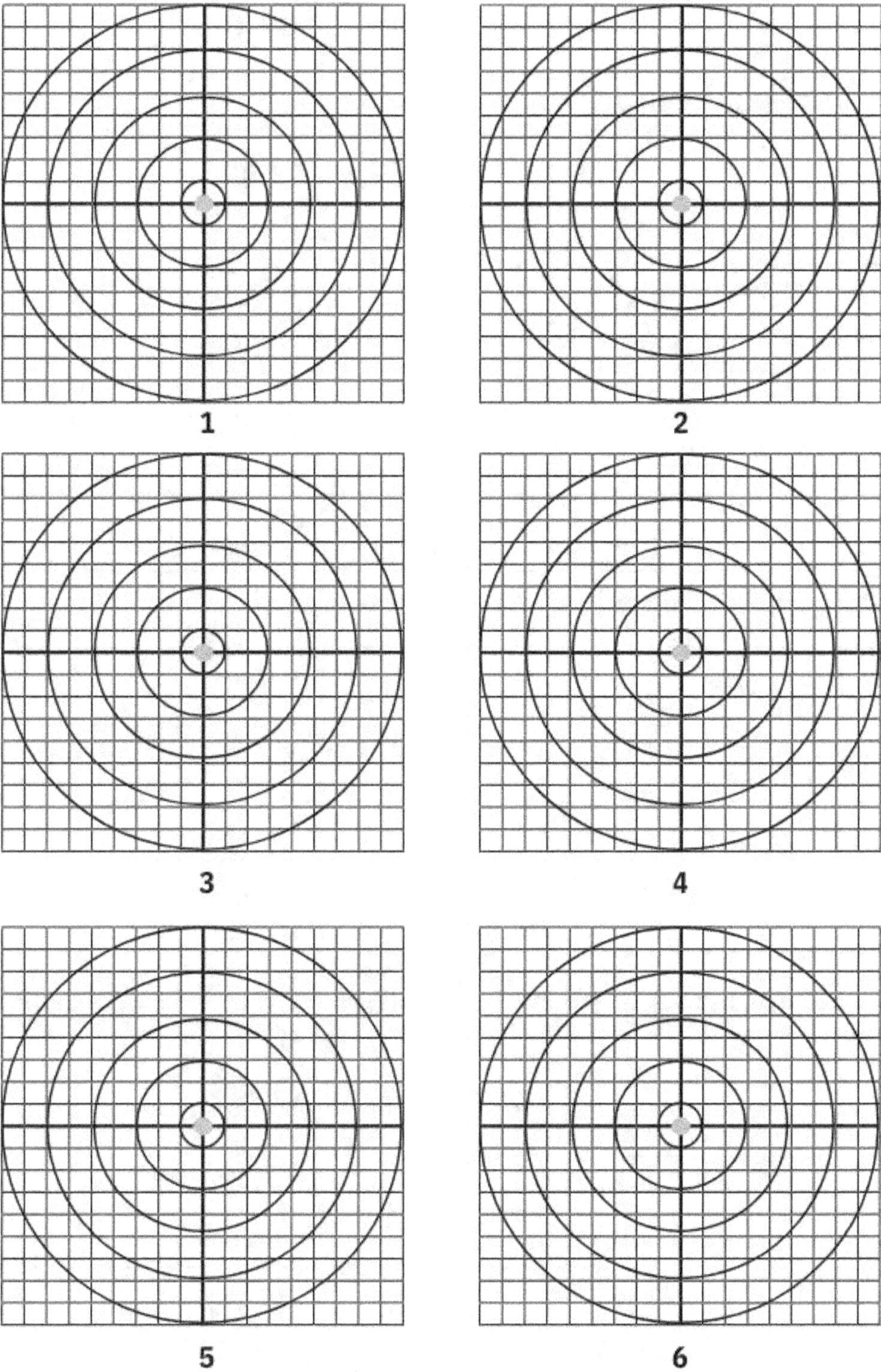

Une idée de cadeau parfaite pour les débutants et les professionnels

Livre de données sur le tir sportif

📅 Date: _____________________ 🕐 Temps: __________

📍 Localisation: _________________________________

Conditions météorologiques

☀ ☐   ⛅ ☐   🌤 ☐   🌦 ☐   🌧 ☐   🌨 ☐   🚩 _____   🌡 _____

Armes à feu:	
Balle:	Profondeur d'assise:
Poudre:	Céréales:
L'abécédaire:	
Laiton:	
Distance:	

Résultats globaux

☐ Mauvais   ☐ Juste   ☐ Bon   ☐ Excellent

Notes complémentaires

____

____

☆ ☆ ☆ ☆ ☆

Une idée de cadeau parfaite pour les débutants et les professionnels

Livre de données sur le tir sportif

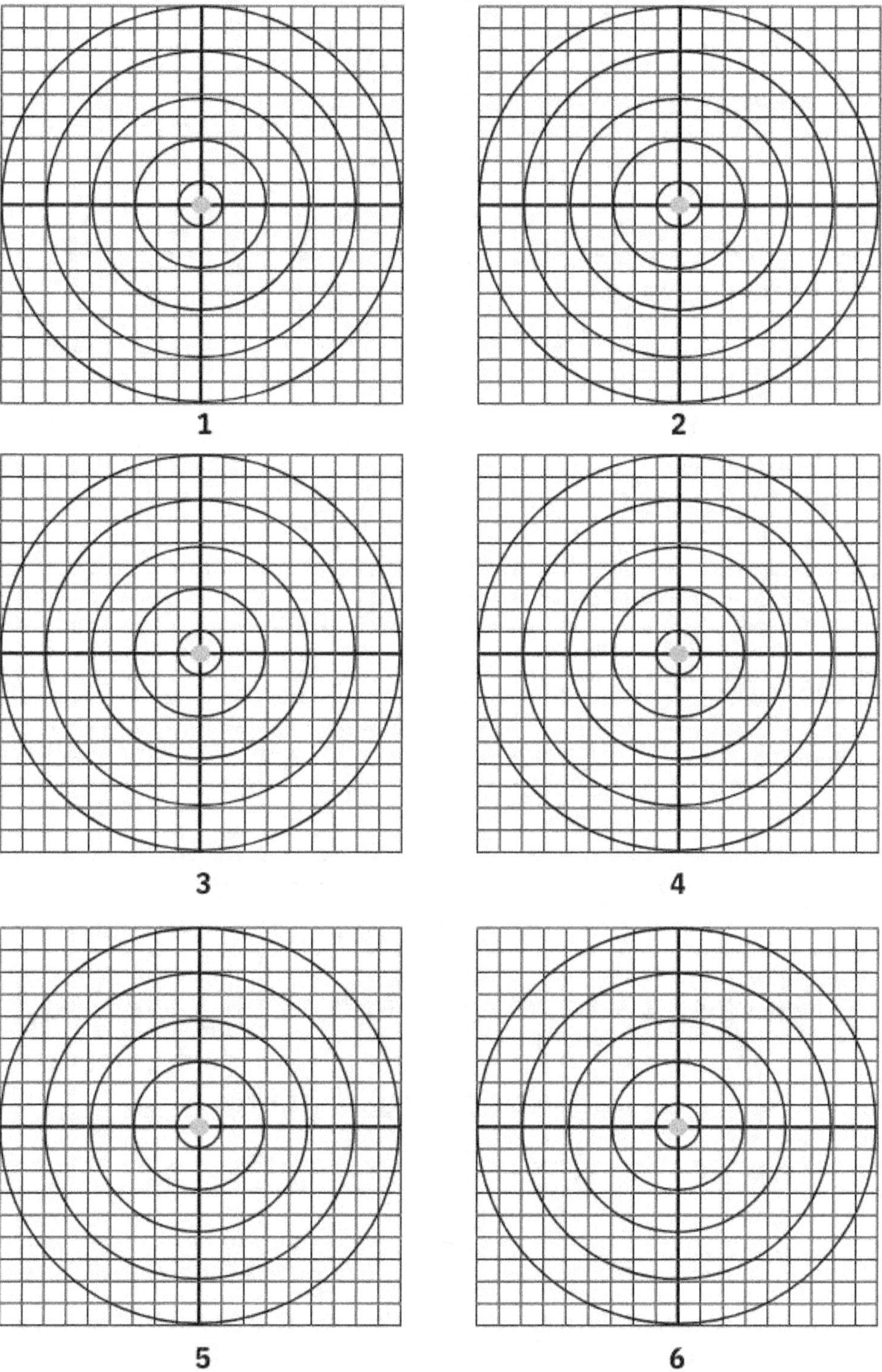

Une idée de cadeau parfaite pour les débutants et les professionnels

Livre de données sur le tir sportif

📅 Date: _______________   🕐 Temps: _________

📍 Localisation: _______________________________

Conditions météorologiques

☀️ ☐   ⛅ ☐   🌥️ ☐   🌦️ ☐   🌧️ ☐   🌨️ ☐   🚩 ________   🌡️ ________

Armes à feu:	
Balle:	Profondeur d'assise:
Poudre:	Céréales:
L'abécédaire:	
Laiton:	
Distance:	

Résultats globaux

☐ Mauvais   ☐ Juste   ☐ Bon   ☐ Excellent

Notes complémentaires

____

____

____

☆ ☆ ☆ ☆ ☆

Une idée de cadeau parfaite pour les débutants et les professionnels

Livre de données sur le tir sportif

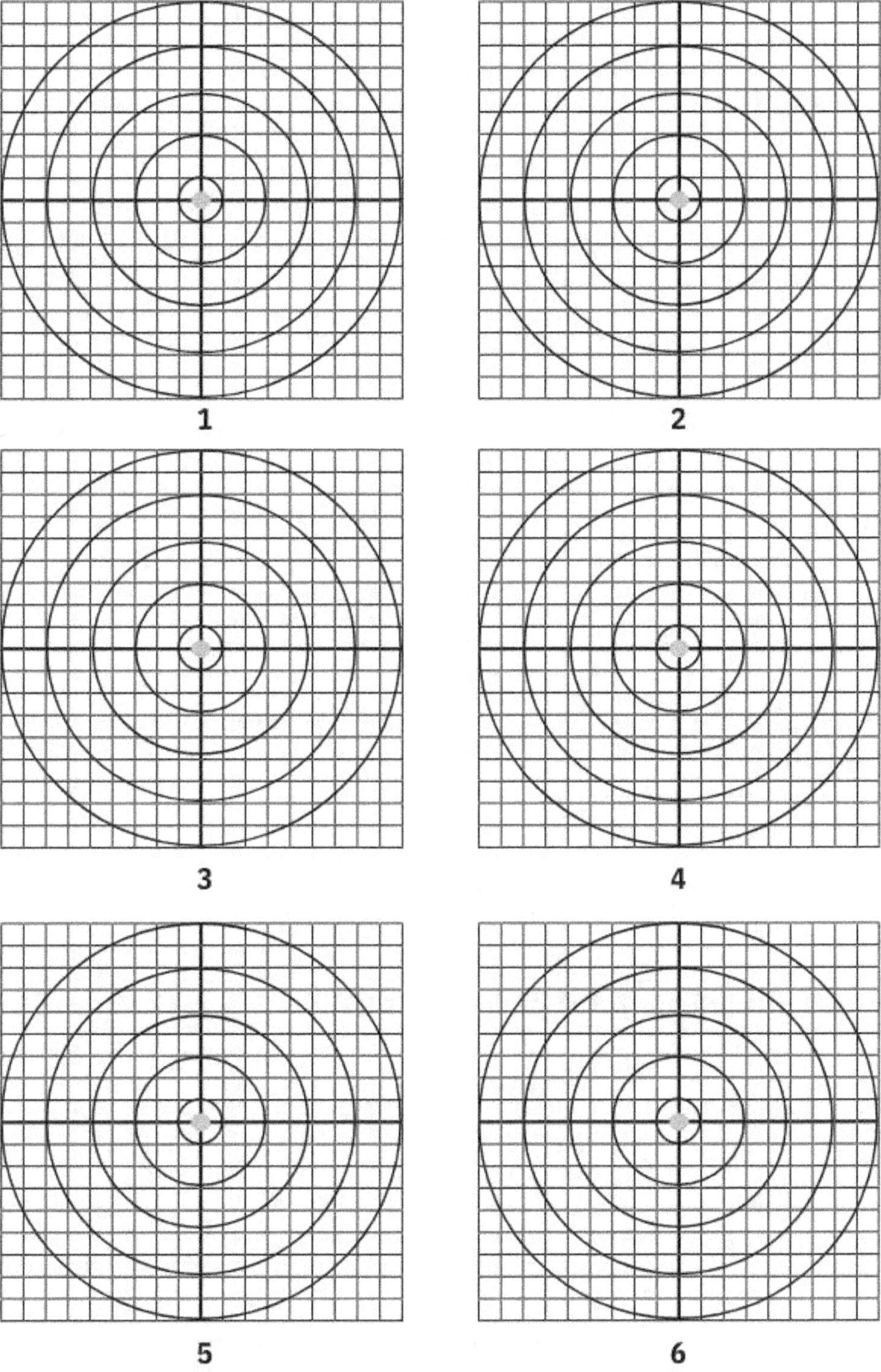

Une idée de cadeau parfaite pour les débutants et les professionnels

Livre de données sur le tir sportif

Date: ___________________   Temps: _________

Localisation: _______________________________

Conditions météorologiques

☐   ☐   ☐   ☐   ☐   ☐   _______   _______

Armes à feu:	
Balle:	Profondeur d'assise:
Poudre:	Céréales:
L'abécédaire:	
Laiton:	
Distance:	

Résultats globaux

☐ Mauvais   ☐ Juste   ☐ Bon   ☐ Excellent

Notes complémentaires

____

____

☆ ☆ ☆ ☆ ☆

Une idée de cadeau parfaite pour les débutants et les professionnels

Livre de données sur le tir sportif

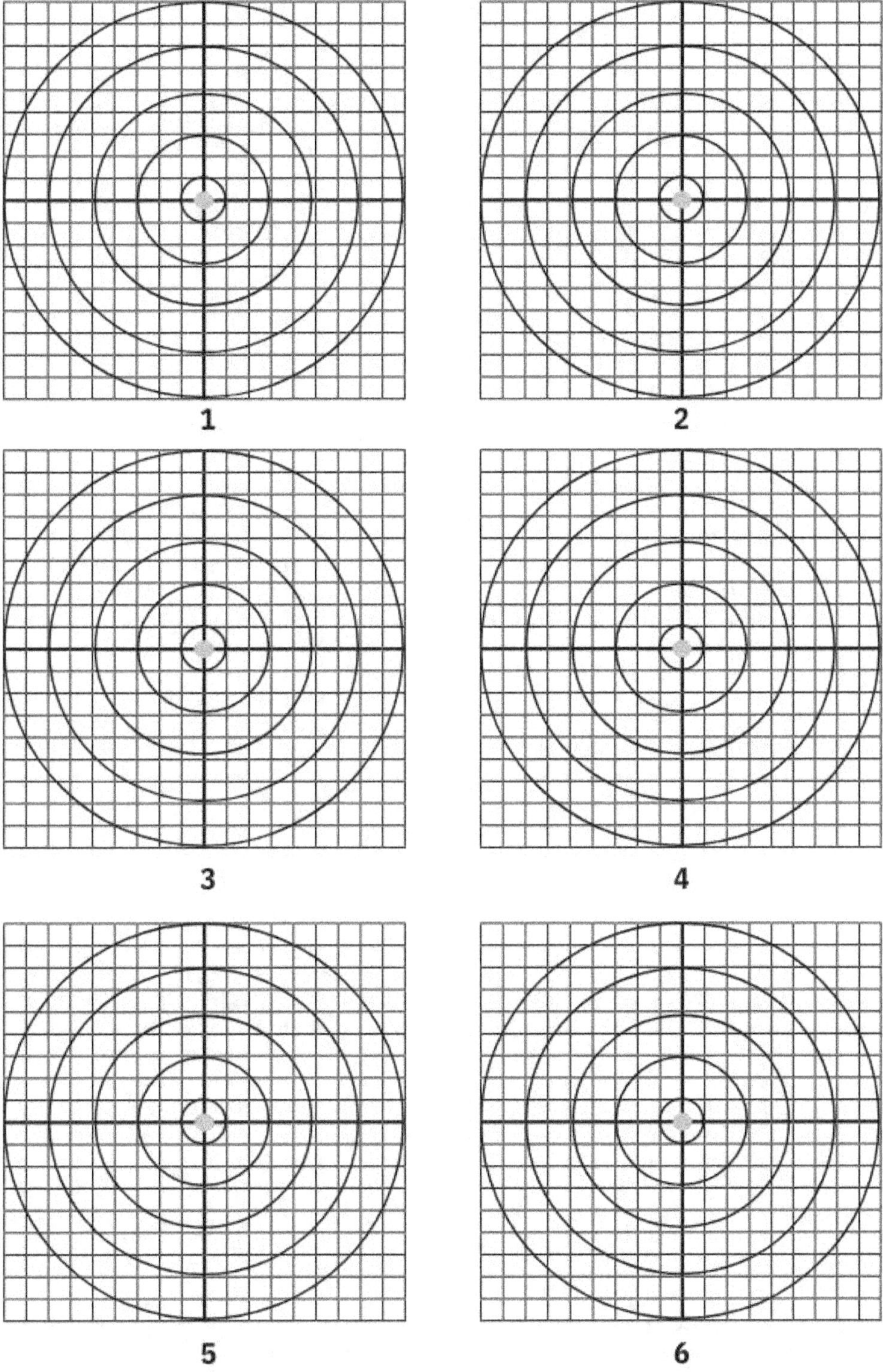

Une idée de cadeau parfaite pour les débutants et les professionnels